예수가 나는 여전히 낯설다

예수가 나는 여전히 낯설다

한 사모가 김 집사에게 보내는 신학에세이

한현옥 지음

목차

들어가는 말   6
"믿음이 좋다는 말 나는 안 믿어요"

1부   신앙의 그리스도에서   11

첫 번째 메일 : 야훼와 아버지 하나님은 달라요   13
두 번째 메일 : 역사의 예수님과 신앙의 그리스도는 달라요   22
세 번째 메일 : 1517년의 종교개혁은 미완성이에요   30
네 번째 메일 : 예수님의(of) 복음과 예수님에 대한(about) 복음은 달라요   38
다섯 번째 메일 : 바울의 비전과 예수님의 비전은 달라요   46
여섯 번째 메일 : 은유(metaphor)와 사실(fact)은 달라요   55
일곱 번째 메일 : 하나님의 나라와 기독교는 달라요   66
여덟 번째 메일 : 주기도문과 사도신경은 달라요   73
아홉 번째 메일 : 예수님은 그런 말을 하지 않았어요   81
열 번째 메일 : 성령(Holy Spirit)은 다른 영들(spirits)과 달라요   93
열한 번째 메일 : 성령은 갈릴리 예수님의 영(the spirit)이에요   108
열두 번째 메일 : 예수님에게 정직하게 다가가기   119

2부 사람 예수님을 좇아   125

열세 번째 메일 : 생의 한가운데를 걸으며   127
열네 번째 메일 : 예수님의 부활은 그런 걸까요   135
열다섯 번째 메일 : 천국은 그런 나라일까요   143
열여섯 번째 메일 : 아빠!   152
열일곱 번째 메일 : 나사렛의 가족과 갈릴리의 가족은 달라요   162
열여덟 번째 메일 : 대속론적 해석과 구원론적 해석은 달라요   173
열아홉 번째 메일 : 교회제국에서 나와 세상으로, 그리고 하나님의 나라로   183
스무 번째 메일 : 예수님의 십자가는 목적인가요 결과인가요   192
스물한 번째 메일 : 종(Servant)으로 다시 태어나기   195

"다음 학기 강의는 못 하실 것 같습니다. 박사님의 강의가 너무 래디컬해서요"

갈릴리 호수를 걷던 그때 그 예수님은 그때나 지금이나 어디서나 낯설다. 그때는 유대교가 낯설어하며 못을 박아 죽이더니 지금은 신학교에서 낯설어한다. 갈 곳 없는 그분은 그의 이름이 찬란한 황금빛 교회제국 밖에서 노숙하고 있다.

들어가는 말

믿음이 좋다는 말 나는 안 믿어요

밤 11시경이다. 김 집사의 전화를 받았다. 무척 마음이 심란하거나 힘이 들 때 늦은 밤을 고사하고 전화를 하곤 한다. 친정과 시댁에서 겪은 심한 문화의 충격으로 한동안 우울증을 앓기도 했다. 불안한 마음으로 이 밤에 웬일이냐고 묻는 나의 인사에 그녀는 대꾸도 잊었다. 이미 마음은 흔들릴 대로 흔들려 널브러진 채 허우적대며 전화로 달려 온 것이었다.

사모님, 사모님, 정말 이런 경우도 있나요. 정말 이해가 안 가요. 난 안 믿어요, 절대 안 믿어요, 믿음이 좋다는 그런 말 안 믿는다고요. 아주 오래전부터 그렇게 생각해 왔어요. 교회 프로그램 다 참여하고, 새벽기도 다니고, 철야기도 다니고, 아주 교회에 살다시피 하고, 자칭 하나님의 자녀라고 하며 신나 하는 그런 사람들을 정말 나는 백 프로 안 믿어요.

이번엔 참지를 못하겠네요. 조금 있으면 시어머니 팔순이에요. 육순, 칠순을 다 해드렸어요. 사모님도 잘 알잖아요. 너무너무 날 학대하고 처참하게 짓밟은 시어머니를. 큰아들인 우리 남편을 어릴 때부터 아예 시할머니한테 맡기고 키우지도 않았지만, 그래도 큰 며느리인 나로서 이번에도 팔순 잔치를 해드리려고 해요. 동서 두 명과 이 일을 두고 의논하고 있었어요. 나가서 하자는 둥, 집에서 차리자는 둥 여러 의논이 있었어요.

그런데 바로 손아랫동서 좀 봐요. 늦게 교회 다니기 시작하더니, 말도 못하게 열심히 다니거든요. 믿음이 충만해요. 입만 벌리면 전도예요. 그 동서는 나에 대해서 너무 잘 알아요. 시어머니가 나한테 어떻게 했는지를. 사모님도 너무 잘 알잖아요. 우리 시어머니. 엄동설한에 뜨거운 물도 나오지도 않는 욕실에서 손빨래시킨 거. 세탁기로 빨면 때가 안 가고 옷이 해진다고. 당신의 속옷을 나에게 집어 던진 거. 숙이고 손으로 빨래하던 내 머리에 말이에요. 굴욕, 굴욕 그 자체였어요. 그렇게 빤 빨래를 갖고 옥상 꼭대기에 가서 널려다가 어지럼증으로 계단에 굴러떨어진 거. 이 모든 것을 다 알아요. 동서는.

그런데 동서 좀 봐요. 사실 칠순 때도 정말 이해가 안 가는 행동을 하더라고요. 그때 우리가 주유소를 하다가 다 망할 때였어요. 앉을 수도 없이 하루 종일 바빴을 때였어요. 음식은 집에서 차리고, 모든 비용의 반은 내가 대고 그 나머지를 두 동생이 하도록 결정했어요. 그런데 하루 전에 갑자기 전화해서 자기가 맡은 음식을 못 하겠다는 거예요. 잘할 줄 모른다는 거예요. 돈도 그렇게 못 내겠다는 거예요. 동서들은 다 잘 살아요. 모든 걸 누려요. 난 못 먹고 못 쓰고 부산에 계신 그 시어머니 생활비 대며, 반찬, 김치- 정말 디스크로 엉금엉금 기어가면서- 담가서 택배로 부치고 그러잖아요. 그런데 이번에도 똑같이 그러는 거예요.

게다가 사모님, 그 믿음 좋은 동서가 어떤 말을 한 줄 아세요? 나보고 기도 안 해서 이렇게 산대요. 기도가 뭐예요? 뭘 기도하는 거예요? 사모님, 나 절대 안 믿어요, 백 프로 안 믿어요. 믿음이 좋다는 말. 욕심은 있는 대로 부리고, 힘든 시댁 일은 할 수만 있으면 피하고, 상대방의 아픔을 들여다보지는 않고, 마구 정죄해요. 아, 똑같아요. 똑같이 행동해요. 믿음이 좋다는 사람들. 앉으나 서나 전도하는 그들. 우리 친정 큰 올케와 여동생 그리고 손아래 동서! 아주 똑같아요. 신물이 나네요. 우리 올케는 교회의 기둥이에요. 하루 종일 교회에서 살아요. 그런데 우리 친정 재산 모두 가로챘어요. 자기 남편이 우리 집 외아들이라고. 우리 친정, 사모님 알잖아요. 여기저기 땅 있는 것. 우리 엄마한테 부탁해서 오빠 명의로 다 바꿔 놨어요. 돌아가시기 전에 해 놓는다고. 엄마가 살짝 나한테 말해 주었어요. 엄마는 마음이 아파서 당신 통장에 있는 돈이라도 준다고 나 힘들 때마다 조금씩 도와줘요.

 사실 그 돈으로 이때껏 살았어요. 우리 남편 그 이후로 지금까지 철부지처럼 아무것도 안 할뿐더러 어처구니없는 일만 하면서 살잖아요.

 그리고 우리 여동생, 온갖 단기 선교는 자비량으로 다 다녀요. 인도네시아는 벌써 몇 번째고 이번에도 키르기스스탄에 다녀왔대요. 교회에서는 천사예요. 목사님에게 좋은 일꾼이에요. 교인들에게는 흠모의 대상이에요. 제부는 대기업의 높은 직위니 더 그렇지요. 그런데 아니에요. 정말 아니에요. 그냥 교회의 문화에 미쳐있고 빠져 있는 것뿐이에요. 단기 선교라는 유행병에 걸려 세계를 헤집고 다니는 것뿐이에요. 마약을 먹은 사람들처럼. 기독교 세상에서는 유익할지 몰라도 이 세상에서는 아무 쓸모가 없어요.

 사모님, 종교개혁이 언제 일어났나요? 다시 일어나야 해요. 개혁이 되어야 해요. 이건 아니에요. 나 0.001퍼센트도 안 믿어요. 그 사람들을. 아, 우리 아버지 너무 보고 싶어요. 우리 아버지 돈 가져다가 시댁에 아까운 줄 모르고 섬기고 썼어요. 그런데 결과가 이래요. 무시하고, 비웃고, 네 몫이니 네가 하라고 해요. 기도 안 해서 그렇다면서. 육순, 칠순 했으면 됐지 웬 팔순이냐며, 돈도 동참도 할 수 없대요.

 아, 집사님, 이런 세상에! 집사님 입에서 개혁을 외치다니요. 그냥 울분을 토할 수는 있지만, 개혁이라는 단어를 내 귀에다 대고 하나님의 명령처럼 외치다니요. 사실 집사님 전화 받으면서 간간이 깜빡 졸기도 했어요. 그런데 그 말 종교개혁이 언제 일어났나요, 이제 또 한 번 일어나야 한다는 말에 내 귀를 의심하고 화들짝 놀라 깨었어요. 너무 신기해서 잠이 말끔히 달아났어요. 내가 무엇을 쓰다가 전화를 받은 줄 알아요? '기독교 다시 쓰기'예요. 교회, 이대론 안 된다는 거예요. 교회 현장의 중심에 서 있는 사모로서 난, 아주 진즉에 그 냄새를 맡았어요. 차마 집사님들한테 말할 수는 없고, 이 고민을 안고 있었지요. 집사님, 사실 사모인 내가 공부하고 박사까지 된 요인이 바로 여기에 있었던 것이고요.

아, 정말 교회에 예수님이 있는 거 맞나? 이천 년 전 그때 그 예수님 말이에요. 갈릴리 호수를 거닐면서 하나님이 원하시는 세상을 말하고 사시던 그 예수님 말이에요. 교회가 만든 예수님 말고요. 갈릴리의 그 예수님을 찾으러 나선 여정은 나에게 참 어려운 걸음이었어요. 힘든 학문이었어요. 그렇지만 학계나, 신학교에서나 두려워하는 일이더라고요. 사실 다음 봄 학기에 강의를 못 맡게 됐어요. 잘린 거죠. 나의 강의가 너무 래디컬(radical)하다는 거예요. 정치나 학문이나 인습적인 가치로 감당해 내지 못하면 래디컬하다고 하며 밀어내기 일쑤지요. 당시 갈릴리역사의 예수님 모습을 복원하려는 연구가 교회에서나 기독교에서는 래디컬한 위험한 일이라고 꺼려할 수는 있다고 해요, 그렇지만 신학교에서조차 갈릴리 예수님이 걸어들어오시는 것을 무서워해요. 그 예수님을 전하기 위해 준비하러 온 학생들이 그 예수님을 아주 낯설어해요. 아이러니칼하게도요. 요한복음 1장 1절이 생각나네요. "자기 땅에 오매 자기 백성이 영접지 아니하였으나"

집사님, 힘들어하지 말아요. 동서가 또다시 시 건방을 떨면 이렇게 말해봐요. 너의 그 믿음을 너의 삶으로 검증해 내라고. 자기의 삶으로 세상에서 검증되지 못하는 신앙은 다 가짜라고. 그래요 그런 신앙은 그저 어떤 체계에 빠져들어 간 것뿐이지요. 그걸 예수 믿음으로 착각해요. 이단들은 특히 더 그렇고요. 시원하다고요? 사모님이 그런 걸 쓰고 있을 줄 정말 몰랐다고요? 너무너무 신기하다고요? 나도 깜짝 놀랐어요. 어쩌면 집사님이나 나나 똑같이 동시에 그렇게 생각하다니요. 그리고 나의 글쓰기의 화두 '기독교, 다시 써야 한다'를 집사님 입에서 듣다니요, 이 밤에. 지금 12시 30분이에요. 사실 난 이 글을 쓰다가도 한 열흘씩 못 쓸 때도 있어요. 우리 교회는 겨우 자립하는 정도의 교회라서 현실적으로 교인 숫자가 좀 더 많아야 하는 입장이에요. 예수님과 관계가 있든 없든 교회에 열심인 사람이 많으면 많을수록 좋거든요. 딜레마에 빠지는 거지요. 내가 경제적으로 힘들 때는 더 그래요. 가짜 진짜를 따지는 것이 주제넘은 일 같고요.

사실 갈릴리의 예수님을 따르게 하는 일은 교회 제국을 이루는 일과 직결되지는 않는 일이거든요. 하나님 나라 건설과 교회 제국의 건설은 별개의 문제더라고요. 그런데, 오늘 밤 집사님이 나를 다시 일으켜 세우네요. 무거운 책임도 생기네요. 나의 글쓰기가 무슨 시대적 요구와 사명 같아서요. 그래요, 주저하지 말아야겠어요. 아닌 건 아니니까요. 맞다고요? 사모님의 용기에 찬사를 보낸다고요? 뭐라고요? 격려금을 보내겠다고요? 차라리 책 낼 때 도와주세요. 아무튼 집사님, 교회가 잃어버린 그때 그 예수님을 찾아 갈릴리로 나서는 일에 동행해주시고, 동참해 주신다니 감사해요. 울분과 개탄을 누그러뜨리고 교회가 이렇게 된 원인을 차근차근 찾아가 봐요. 우선 쓰는 대로 이메일로 보낼 테니 읽어 주시기를 바랄게요.

신앙의 그리스도에서

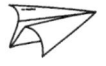

첫 번째 메일

야훼 하나님과 아버지 하나님은 달라요

집사님, 혹시 저의 이야기가 거북할지도 모르겠어요. 신앙이 산산조각이 날지도 모르는 두려움에 읽기를 중단하고 싶을지도 모르겠어요. 그러나 이것만은 인정해야 될 거예요. 신앙은 역사적 사실을 얼마든지 왜곡할 수도 있다는 것을, 또 왜곡된 역사적 사실도 얼마든지 믿어질 수 있다는 사실을 말입니다. 신앙은 역사적 사실에 관심이 없을 수 있어요. 역사적 사실이 때론 귀찮기도 하지요. 믿고 싶은 대로 믿고 싶은 행위를 방해하니까요. 서울을 가보지 않은 사람이 가 본 사람을 이긴다는 말이 있지요. 코끼리 다리만을 만져보고 코끼리가 그렇게 생겼다고 죽어도 고집하는 시각 장애인처럼, 신앙은 사실을 무시하지요. 물론 신앙은 영이신 하나님의 존재를 인식하는 방식이지요. 그러나 그 방식은 완전하지 않습니다. 그래서 시대를 따라 수많은 신앙이 존재해 오는 것입니다. 그러나 역사의 한 정점에 오셔서 객관적 실재로 살았던 예수님마저도 신앙으로 경험하고 만나려고 한다면 예수님을 예수님답게 볼 수 없을 것입니다. 이미 신앙은 예수님에게 화려한 치장을 시작할 테니까요. 나중에는 신앙으로 만들어진, 예수라는 우상을 섬기고 말테니까요. 이렇게 되면 육신으로 오신 예수님을 부정하는 또 다른 적그리스도가 될 것입니다.

육신으로 오신 역사의 예수님은 보이지 않으시는 영이신 하나님을 어떻게 믿을 것인가에 대한 신앙의 모습을 비춰주는 객관적 거울인 것이지요.

신앙은 얼마든지 가고 싶은 데로 갈 수 있으니까요. 실제로 갈릴리의 예수님은 하나님에 대한 이스라엘 유대교의 신앙이 얼마만큼이나 빗나가 있는지를 가늠해 주는 객관적 사실로 오신 것이지요. 역사의 예수님의 삶과 가르침은 곧 신앙의 표준이요, 길잡이요, 방향이 되는 것입니다. 만약 역사의 예수님 없이 하나님을 경험하려고 한다면 그 믿음이란 아전인수, 이현령비현령의 하나님이 되는 것이지요.

1세기 팔레스타인의 갈릴리 호수를 거닐던 역사의 예수님은 주관적이고 이기적이고 자의적인 민족적 신앙으로 극에 다른 유대교에게는 낯선 메시아였지요. 그렇게도 메시아를 고대하고 기다렸으면서 말입니다. 예수님은 그들이 기다리던 메시아가 아니었고 그들의 신앙에, 그들의 종교에 거추장스러워서 결국 십자가형으로 사형당하셨습니다. 눈에 보이지 않아서 믿는 자의 맘대로 그려낼 수 있는 영적인 존재인 하나님의 모습을 본인의 삶과 가르침으로 보여주려고 육신으로 오신 역사의 예수님은 자의적 신앙과 이기적 종교의 영역에서는 아주 아주 낯선 자가 된 것입니다.

이스라엘의 유대교 신앙에 있어서 하나님은 전 인류를 향한 보편적 하나님이 아니라 이스라엘만을 돕는 야훼 하나님이었지요. 그러나 갈릴리를 거닐던 그때 그 예수님의 하나님은 이스라엘의 야훼가 아니라 전 인류에게 아버지가 되는 하나님이었어요. 신앙이 아버지가 되시는 보편적 하나님에 기초한 것이 아니라 이스라엘을 편애하는 야훼 하나님에 기초하고 있다면, 정치적, 경제적, 군사적, 문화적, 종교적, 인종적 패권주의에서 헤어날 수가 없는 것이지요. 저마다 자기들 편이 되어주는 신앙을 붙들고 정당화할 테니까요. 그런 신앙이 집사님을 분노하게 하는 이기적 신앙인들을 양산하는 것이지요.

물론 하나님에 대한 우리 기독교의 신앙은 이스라엘의 야훼 신앙에 기초

하였습니다. 이스라엘의 야훼 신앙이 주는 힘은 참으로 대단합니다. 기독교가 이스라엘의 야훼 하나님과 이스라엘 민족 간의 은밀한 신앙적 비밀들에 감탄하며 아멘 하는 것은 그럴 만합니다. 그 신앙은 척박한 땅과 기구한 역사와 수많은 전쟁의 절체절명의 순간에서 살아남는 방식을 말하고 있으니까요. 그 신앙은 참으로 다른 신앙들과는 판이하게 차이가 나지요. 형상을 갖지 않는 신이고 다만 약속 즉 언약의 신이라는 것이지요.

신의 형상을 만들고 있는 다른 신앙에 있어서는 신앙의 중심이 그 형상에 있고 그것을 의존하지만, 말씀과 언약, 약속만으로 신의 정체성을 갖는 신앙에 있어서는 그 신앙의 중심이 인간 내면의 의지와 힘에 있는 것이지요. 믿음이지요. 믿음은 말씀과 약속으로만 존재하는 하나님에 대한 인간의 반응과 소통이지요. 이런 야훼 하나님과 이스라엘 민족 간의 신앙적 소통에 대한 역사를 구원사(Salvation history)라고 말합니다. 구약은 이 구원사로 써졌는데, 이런 구원사는 객관적이고 보편적인 사관을 가질 수가 없지요. 구원사적 사관 자체가 주관적이니까요. 자식 사랑에 눈이 먼 부모에게 무슨 객관성과 보편성을 바란단 말입니까?

그러나 유랑민족인 이스라엘이 사막에서 살아남을 수 있었던 것은 그들의 구원사적 신앙이었지요. 그리고 이스라엘 민족의 구원사에 있어서 그들의 하나님의 이름은 야훼였습니다. 야훼는 전쟁의 하나님입니다. 사막의 전쟁에서 절대 소수인 이스라엘이 갖고 있는 오직 유일한 무기는 그들의 편만 들어주기로 약속한 야훼에 대한 절대 믿음뿐이었지요. 그 믿음은 그 어떤 군사적 힘 즉 병사와 무기의 숫자를 능가하는 위력을 갖고 있는 것이지요.

그러나 구원사는 절체절명의 상황에서는 강력한 힘을 발휘하지만, 특성상 아주 이기적이고 자의적이고 주관적인 신앙의 행태를 유발한다는 것입니다. 갈릴리의 예수님은 이런 이기적으로 치닫기 쉬운 야훼신앙을 우주적이고 보편적인 아버지 신앙으로 바꾼 것입니다. 지금도 저 중동의 사막의 신앙들은 대부분 이스라엘의 유대교 야훼신앙과 같은 독선을 잘 말해주고 있습니다. 갈릴리 예수님을 거치지 않는 신앙들의 대부분은 다 그렇지요. 특히 유일신을 갖고 있는 유대교, 이슬람 신앙들은 말입니다. 그러니 구원사적 독선은 유일신을 믿는 기독교도 피해 갈 수는 없는 것입니다. 이 땅에 오신 그때 그 갈릴리의 예수님을 놓치는 순간 기독교 신앙은 편협한 구원사의 오류에 빠지고 말 것입니다.

집사님, 우리 다시 한번 심각하게 고민해 봐요. 집사님도 아시겠지만요, 벌써 오래된 일이네요. 3,021명이 사망한 9.11테러 10주기가 되는 날, 희생자 이름들이 낱낱이 새겨져 있는 그라운드 제로에서 당시의 오바마 미국 대통령은 연설 대신 시편 46:1-3을 읽었어요.

> "하나님은 우리의 피난처시요 힘이시니 환난 중에 만날 큰 도움이시라 그러므로 땅이 변하든지 산이 흔들려 바다 가운데 빠지든지 바닷물이 흉용하고 뛰놀든지 그것이 넘침으로 산이 요동할지라도 우리는 두려워 아니하리로다"

이 시편 46편의 마지막 절은 이렇게 끝납니다.

> "만군의 여호와(야훼)께서 우리와 함께 하시니
> 야곱의 하나님은 우리의 피난처시로다"

저는 그때 만감이 교차했습니다. 마음이 복잡해졌습니다. 물론 테러라는 악에 대한 구원사적 고백인 것이었지만, 만군의 야훼는 누구이며, 야곱은 누구인가요. 사막의 아랍 민족들을 진멸하기를 기뻐했던 이스라엘의 하나님과 그의 백성이 아닌가요. 그런데 기독교 사회를 대표하는 미국이 왜 이스라엘의 조상인 야곱의 야훼 하나님에게서 피난처를 찾는 것일까요. 언제부터 어떻게 야훼 하나님의 이름을 기독교가 공유하게 되었는지요. 이스라엘과 기독교의 야훼 하나님은 갈릴리 예수님이 불렀던 아버지 하나님과 같은가요 아니면 다른가요. 예수님의 하나님은 이스라엘과 기독교만의 야훼인가 아니면 전 인류의 하늘 아버지인가요? 한번 곰곰이 생각해 볼 여지가 있진 않나요?

일본 자민당의 간사장인 이시아라 노부테루는 9.11테러는 역사의 필연이라고 말했어요. 산업혁명부터 계속된 서구 문명과 기독교 지배에 대한 이슬람권의 반역이라는 것이지요. 또 미국이 당할 당연한 업보였다고 말하는 사람들은 미국의 인디언 침공을 지적하고 있어요. 어떤 이는 십자군 전쟁에 대한 보복이라고 말하고 있고요. 이 모든 반목의 원초적 뿌리를 아브라함의 자손 이스마엘과 이삭의 대립에서 찾는 이들에게 이 전쟁의 시발은 구약의 창세기까지 올라가고요. 아까도 말했듯이 창세기로 시작하는 구약은 이스라엘의 구원사적 신앙에서 써진 그들의 성서지요. 그러니 그 하나님은 당연히 이스라엘 편이지요. 그 이름은 야훼고요. 야훼라는 이름은 만군의 하나님이라는 말이에요. 야훼 하나님은 전쟁에서 이스라엘만을 돕고 승리를 준다는 약속을 하지요.

구약에는 야훼 하나님 말고도 엘 하나님도 있어요. 엘 하나님은 이스라엘만의 하나님보다는 보편적인 인류의 하나님으로 나타나 있지요. 엘(El)은 그냥 '하나님'이라고 일컬을 수 있지요. 유일신을 믿는 신앙들의 하나님을 말해요. 엘샤다이는 전능하신 하나님(창 17:1), 엘로이는 감찰하시는 하나님(창 16:1-16), 엘오람은 영원하신 하나님(창 21:33) 또 엘차이는 하나님은 살아계시다(왕하 19:15,16) 등등이지요. 아무튼 구약에 이렇게 표현된 엘 하나님은 2500번이나 나옵니다. 어쩌면 갈릴리 예수님의 아버지 하나님은 야훼보다는 엘(El)에 가까운 이미지이지요. 인류 모두의 하나님, 인류 모두가 함께 자녀가 되는 유일한 한 아버지를 말하니까요. 그분은 열 손가락 깨물어서 아프지 않은 자녀가 하나도 없는 공평한 아버지이지요.

  그러나 기독교는 보편적 엘 하나님보다는 야훼 하나님을 공유했어요. 그렇게 된 데는 성서적 신학적 원인이 있어요. 전적으로 바울의 생각과 서신을 문자적으로 오해한 교부들 때문인 데요. 나중에 다 말하게 될 거예요. 기독교 문명을 대표하는 미국은 현재로서는 세계의 패권을 쥐고 있는데, 이렇게 되니 아랍 민족들에게 공공의 적이 이스라엘 말고 미국이 하나 더 생긴 것이에요. 아랍권에는 저마다 반기독교 서구 문명을 자처한 극우 이슬람 세력의 테러 조직이 있잖아요. 사우디아라비아 출신의 오사마 빈 라덴이 이끄는 알카에다, 팔레스타인 해방기구의 하마스, 이슬람 근본주의자들의 지하드, 레바논의 헤즈볼라 등등 말이에요. 이슬람을 서구의 기독교 문명에서 지켜내기 위해 필사의 성전(holy war)을 치르는 알라의 전사들이라고 스스로 믿고 있어요. 이들의 하나님인 알라는 엘을 말하지만, 어느새 엘 하나님의 보편적 이미지는 없어지고 이스라엘의 야훼와 대결하는 하나님으로 되고 말았어요. 혹시 이스라엘이 자기들의 만군의 야훼 하나님을 주창하지 않았다면 어떻게 되었을까 생각해 봅니다. 아주 극소수의 유랑민인 이스라엘이 전쟁에 있어서 일반적이고 보편적인 엘 하나님 갖고는 부족했는지 모르지요. 특별히 자기들의 턱없이 부족한 병사와 군량과 군비를 절대적으로 지지해 주어야 할 자기들의 하나님이 절대적으로 필요했었을 것입니다. 그러니 야훼는 이스라엘의 절대 신앙에서 비롯된 그들의 하나님의 이름이지요. 그러나 문제는 이 야훼 하나님에게는 반드시 적이 있게 된다는 거예요. 그리고 그 적은 이스라엘이 아니라는 한 가지 이유로 진멸의 대상이 된다는 것이에요. 생각하건대 야훼 하나님 이후로 엘 하나님의 신앙공동체들은 이스라엘을 경계하게 되었을 거라는 말입니다. 처음엔 이스라엘 유대민족과 대결하다가 기독교가 야훼 신앙공동체로 이입되면서 그들은 기독교 신앙공동체와도 대결하게 된 것이지요.

미국은 분노했어요. 대 테러 전쟁을 공표하고 이후 아프가니스탄, 이라크를 침공하지요. 결국 9.11테러가 자행됐고 주범으로 지목된 오사마 빈 라덴이 죽었지만, 반기독교, 반미에 아랍권이 형제 의식을 갖는 것은 더해 보여요. 이집트에서는 미 대사관을 공격하고 성조기를 불태우는 반미폭동이 일어났고요. 타임지에 난 기사를 보았어요. 이라크 전쟁이 한창일 때 타임지 기자가 양국의 대통령들을 각자 면담한 기사였어요. 후세인은 그 전쟁에 알라가 전적으로 개입하여 도와줄 것이라고 했고, 부시는 하나님이 도와줄 것이라고 말하는 것을 듣고 기자는 등골이 오싹했다고 말하더라고요. 전쟁에 있어서 오직 한 분이신 하나님은 누구의 편인가요? 이슬람의 알라와 유대교와 기독교의 하나님은 본래 유일하신 한 분 엘(El) 하나님이 아닌가요? 일화가 있어요. '엘란트라'라는 자동차가 아랍권으로 수출될 때는 앞의 '엘'자를 때고 '란트라'로 수출되었어요. 나도 이집트에서 봤어요. 그 차가 '란트라'로 다니는 것을요. 왜냐하면 '엘'이 알라를 말하는 발음이기 때문에 불경하다고 그렇게 주문했대요. 만약 하나님이 그냥 엘(하나님)으로만 있었다면 어떠했을까 생각해 봅니다.

어느 날 국회 TV에서 끝이 없는 아랍과의 전쟁의 원인을 알아보기 위한 프로그램을 방영하던 중이었던 것 같았어요. 기자가 13살의 팔레스타인 소녀와 같은 나이의 이스라엘 소녀에게 따로따로 이스라엘과 팔레스타인 관계에 대해서 물었어요. 팔레스타인 소녀는 이스라엘이 자기들의 성서를 버리지 않는 한 평화는 이루어질 수 없을 거라고 말하더라고요. 그 소녀는 알았어요. 구약의 야훼 하나님은 이스라엘 외의 모든 이방 민족들을 싫어한다는 것을, 그리고 어떤 형편에서든지 이스라엘의 손만 들어 주신다는 것을요. 당연하지요. 구약은 이스라엘의 구원사적 견지에서 써진 것이고 야훼는 이스라엘의 하나님 이름이니까요. 요즘 벌어지고 언제 끝날지도 모르게 진행 중인 하마스와 이스라엘의 전쟁은 어떻게 하면 끝날까요? 끝난다고 해봐야 휴전일 테지만요.

   문제는 기독교가 왜 엘(하나님)이 아닌 야훼를 공유했느냐는 거예요. 그 원인을 알려면 바울의 대속교리를 면밀히 들여다보아야 해요. 바울의 대속교리를 제대로 알면, 갈릴리의 그때 그 예수님과 바울의 대속교리의 신앙의 예수님은 같지 않다는 걸 발견하게 되고, 갈릴리 예수님의 아버지 하나님과 기독교의 야훼 하나님은 상당히 차이가 나는 것을 알게 되거든요. 사실 바울은 자기의 이야기를 했을 뿐이에요. 그런데 유대와 헬라 문화의 충돌로 인해서 바울의 유대 민족적이고 유대 종교적 바탕에서 나온 설명과 해석과 은유가 헬라의 영지적인 신비주의적인 문화권에서 문자적으로 해석되다 보니 바울의 의도와는 전혀 다르게 사용된 것이지요. 마침내 기독교의 교리가 되었고요. 이 과정에서 예수님은 신앙고백을 받아야 할 대상의 예수님이 되는 바람에, 그분의 삶의 방식을 따라 하나님이 그렇게 되기를 바라는 하나님 나라를 살도록 하기 위해서 하나님이 직접 보내신 사람이신 예수님은 온데간데없어지고 말았어요. 그리고 그 하나님 나라가 무엇인지를 말하며 그렇게 살다가 유대교와 유대민족과 부딪쳐서 사형당한 예수님은 어느새 우리의 죄 때문에 대신 죽은 유대종교제사법에서 말하는 희생제물이 되어버리고 말았어요. 너무나 다른 죽음의 원인 앞에서 난 할 말을 잊었어요. 예수님은 도대체 무슨 말을 하고 어떻게 살았길래 사형을 당했는가에 대해서는 관심이 없어요. 교회는, 그리고 기독교인들은 그때 그 역사의 예수님이 한 말과 삶 즉 하나님 나라만이 신앙의 토대이어야 했어요. 그것만이 교리여야 했어요. 그것만이 심장이어야만 했고, 지향할 목적이어야만 했어요. 그랬다면 기독교가 지금, 이 지경에 이르지 않았을 거예요. 집사님.

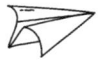

두 번째 메일

역사의 예수님과 신앙의 그리스도는 달라요

그때 아마 집사님도 함께 예배하고 있었을 테지요. 마지막에 오는 교인들까지 챙기려니 저는 항상 맨 뒤에 앉지요. 그날도 그렇게 예배를 드리고 있었어요. 어김없이 의례적인 문구로 대표기도가 시작됐어요.

"천지를 창조하신 무소부재하시고 전지전능하신 하나님 아버지, 홀로 영광 받으시옵소서. 죽을 수밖에 없는 이 죄인을 십자가의 보혈로 구해 주셔서 하나님의 자녀가 된 것을 감사합니다. 지난 주간도 세상 사람들과 같지 않게 해 주신 것 참으로 감사합니다. 저는 도둑질도 안 했습니다. 간음하지도 않았습니다.(감격에 젖어 자신만만하고 의기양양하게 목소리가 격앙되어) 아, 세상 사람들과 똑같지 않게 해 주신 것을 감사합니다. 구별되게 하심을 감사합니다.(창세기부터 계시록까지 내려가기를 십 분쯤 소요하다가), 세상 끝 날에 심판의 주로 오실, 날 대속하신 예수님의 이름으로 기도 합니다"

집사님, 저는 그날 처음으로 기도 도중에 눈을 뜨고 고개를 쳐들고 말았어요. 눈은 떴는데 소리는 아득히 멀어지더라고요. 멀리서 강단의 대표 기도자는 하늘을 향하여 손짓 발짓하며 판토마임을 하고 있더라고요. 그래요. 판토마임! 그건 판토마임이었어요. 아니, 광대였어요. 삐에로! 그날 나는 처음으로 예배의 동참자가 아니라 관객이었어요. 그리고 빌라도처럼 손을 씻었어요. 저 기도의 값은 나와 무관하다고 중얼거리면서요. 십자가의 대속으로 하나님의 자녀가 되었다는 단 한마디의 고백으로 즉시 거룩한 황홀경에 빠지는 저 광대놀이에서 빠져나오고 말았지요. 그 고백 한마디로 당장에 하나님 자녀의 성품을 얻었다고 생각하는 것은 참으로 단세포적이지요. 단세포적 교인들은 실은 천국의 기형아들이에요. 머리만 크고 손과 발과 몸집은 힘없이 흐느적거리는 흉물이거나, 입만 살아있고 다른 지체는 다 죽은 괴물들이에요. 고백은 겨우 훈련의 시작이요 방향일 뿐인데, 단세포적 교인들은 고백만 하면 훈련도 완성도 다 된 것이라고 생각하지요. 고백만 있고 변화된 삶은 없어요. 고백은 일초밖에 걸리지 않지만, 삶의 변화는 평생 걸리는데 말이죠. 십자가 대속에 대한 일초만의 신앙 고백은 결국 기독교인들을 착각과 망상 속으로 끌고 가고 말았어요.

첫째는 성민에 대한 착각과 둘째는 교회제국에 대한 망상이에요. 그런데 거룩한 백성과 제국에 대한 착각과 망상은 이스라엘의 선민사상과 유대민족주의와 흡사하지 않나요? 예수님이 오셔서 구원의 보편성과 세상의 우주성을 말하자 유대종교주의자들과 유대민족주의자들이 일제히 달려들어 못 박아 죽였는데도, 예수님을 주로 모시는 기독교가 다시 그 유대주의적인 선민사상과 종교적 제국을 꿈꾸고 있다니 참으로 이상한 일이 아닙니까?

집사님, 기독교가 이러한 착각과 망상을 하게 된 것은 예수 그리스도의 십자가 대속 교리에 그 원인이 있다고 한 저의 말은 성서적이고 신학적인 합당한 논리가 상당히 필요해요. 다소 이해하기 어렵고 지루한 설명이 있을지라도 인내하며 들어주기를 바래요. 만약 논리가 뒷받침되지 않으면 우리들의 가슴앓이와 탄식과 신음은 대번에 헛소리로 묻혀버릴 테니까요. 바울의 예수 그리스도 대속교리는 기독교의 중심교리이기 때문이지요. 자 보세요. 어떤 착각과 망상들을 하게 되었는지요. 바울이 그 대속론을 어떤 환경과 어떤 바탕과 어떤 방향과 어떤 방식으로 말했는지는 전혀 모르면서, 그리고 바울 자신이 왜 그걸 그렇게 중요하게 말할 수밖에 없었는지는 모르면서, 그걸 문자적인 사실로, 나아가서는 신적인 진리로 여겨지다 보니 역사의 예수님 즉 그때 나사렛에서 자라시고 갈릴리 호수를 거닐며 하나님 나라를 사시며 선포하신 유대의 한 청년 예수님이 없는 기독교로 발전하게 된 것이에요.

그 역사의 예수님의 가르침과 삶이 삭제된 대속적인 예수님만을 고백하는 그런 신앙인들이 그려 내고 꿈꾸는 세상은 결코 그 갈릴리의 예수님이 바라던 하나님 나라가 될 수가 없어요. 하나님 나라는 끼리끼리 모이는 공동체(community)가 아니라 희생의 밀알들이 심겨지는 세상(world, cosmos)이예요. 가루 서 말로 반죽된 이 세상, 거기에 들어가 형태도 없이 녹아서 발효되어 맛있는 빵을 만들어 내는 그런 세상이에요. 하나님 나라는 이 세상을 바탕으로 하니까 따로 어떤 공동체를 만들어 낼 필요가 없어요. 어떤 신천지를 만들 필요가 없지요. 세상과 구별된 어떤 유토피아를 만들어 낼 필요가 없어요. 하나님 나라는 이 세상을 갈릴리의 예수님이 사시는 방식으로 일궈내는 세상이니까요.

그런데 요즘 교회의 모습은 어떤가요? 예수님이 살아가신 방식에 신앙의 뿌리를 내리고 그분으로 시작된 하나님 나라에 사는 것을 구원으로 여기기보다는 동물을 대신한 희생제물로서의 예수님만 신앙으로 고백하며 그 고백을 구원의 표식으로 여기는 건 아닌가요? 그리고 그렇게 형성된 신앙공동체, 고백 공동체에 들어가 안주하지 않나요. 교회가 이런 형태의 신앙고백 공동체라면 그건 예수님이 여시고 이루려고 했던 하나님 나라의 모습과는 많이 다릅니다. 교회가 신앙고백으로 안주하는 신앙공동체보다는 갈릴리의 예수님을 따르는 밀알공동체로 나아갈 때 교회는 하나님 나라의 전초기지가 될 것입니다.

그러나 불행하게도 하나님 나라를 일굴 역군들인 밀알공동체보다 대속

신앙고백공동체로서의 요즘의 교회는 저희들 끼리끼리가 공유하는 세상을 만들고 싶어 하지요. 자기들만의 나라를 꿈꾸지요. 그리고 스스로 속아요. 그것이 하나님 나라라고. 그것이 교회제국을 꿈꾸는 맘모스적 유혹인 줄을 모르고 말이에요. 교회제국에는 뭐든지 다 있게 되지요. 궁궐처럼 꾸며진 대예배당, 각종 워크숍 방, 오케스트라, 보컬, 찬양단, 유치원, 학교, 노인정, 식당은 물론, 헬스클럽, 커피숍, 찜질방도 있어요. 교인들은 일주일 내내 교회제국을 들락거리면서 황홀경에 빠져있지요. 적어도 그 제국 안에서는 하나님의 자녀로서의 안돈감, 성민으로서의 거룩함, 그리고 선민으로서의 자부심을 느껴요. 무엇보다도 건물과 교인들의 거대한 숫자가 어우러져 자아내는 그 웅장함과 거대함에 전율하는 찬양, 그리고 그 모든 것들 때문에 영적 카리스마가 몇 배로 있어 보이는 목사의 설교에 갑절로 느껴지는 하나님의 은혜. 곧 명품 브랜드를 갖는 교회가 되지요. 또 부흥에 대한 열망이 하나님 나라 확장이라고 착각하고 기업교회를 꿈꾸게 되지요. 교회의 기업화는 곧 경영의 노하우를 필요로 하게 되고 전문 CEO 목사가 경영 실적을 올리지 못하면 장로들은 이사들이 되어 당장에 목사를 갈아 치우지요. 이럴 때 교회는 파당이 생기고 자기들의 타당성을 입증하기 위해 평생 들어 온 성경 구절들을 그때야 써먹고요. 그리고 자기네들이 그렇게 하는 것이 하나님을 섬기는 예라고 말한답니다. (요 16:2)

집사님, 삶의 변화에 목숨을 걸기보다는 감상적인 대속적 신앙 교리에 목숨을 건 교회들은 상식을 잃어버리기가 십상이에요. 요즘에 이렇게들 말하더군요. 예전엔 교회가 세상을 걱정했는데, 요즘은 세상이 교회를 걱정한다고요. 그래요. 교회 문제가 생겼을 때 옳은 판단은 오히려 세상 사람들이 해 주더라고요. 집사님도 알잖아요. 그때 시내의 큰 교회에서 있었던 일이요. 담임목사의 시무 연한이 20년이 다가오는데 교회가 시끄러워졌잖아요. 목사의 자질 운운하며 두 파로 갈리게 된 것이에요. 우리 교회가 그 교회 옆에 있다 보니 양 파에서 하루가 멀다 하고 찾아와 서로 자기들이 옳다고 주장하더라고요. 꿈에 목사가 중 옷을 입은 걸 보니 목사가 영이 흐려진 게 분명하다느니, 목사가 은퇴할 때가 되어 자기 살 궁리만 하면서, 은퇴 후에 가서 있을 기도원에만 공을 들인다는 둥, 근 이십 년 동안 나타나지 않았던 허물들을 들추어내는 거예요. 목사는 결국 사임을 하고 말았지요. 오히려 분개한 건 동네 사람들이에요. 교회로부터 구원받지 못한 죄인으로 정죄를 당해 왔던 동네의 세상 사람들 말이에요. 그들은 말했어요. 아무리 그래도 19년 2개월을 함께 있던 목사를 그렇게 내쫓을 수는 없는 것이라고요. 그건 사람의 할 도리가 아니래요. 8개월만 더 있어 20년을 채우면 노후에 혜택이 따른다는데 그게 아까워서 저렇게 하는 것은 배신이요 사기라고, 피도 눈물도 없는 냉혈한이라고 말하더라고요. 평생 예수님의 구속의 피를 마신 자들에게 쏟아진 비난이었어요.

그런데 또 어떤 교회는 목사가 기가 막혀요. 목사는 설교 걱정은 전혀 할 필요가 없었지요. 인터넷에서 홍수처럼 쏟아지는 명설교와 수만 가지의 예화가 있으니까요. 주일예배 설교를 위한 수고란 짜깁기 하는 것일 뿐이에요. 어떤 사이트는 교인들이 눈치채지 못하게 암암리에 회원들한테만 알리고 잠깐 열었다가 닫는 데도 있다고 하더라고요. 거기서 다운 받은들 비회원인 교인들은 전혀 모르게 되는 것이니까요. 견디다 못한 교인들과 특히 중직들이 교회를 나가자 결국 서명 운동이 벌어졌고, 위임받은 목사에게 사임을 독려하자 수억을 요구하는 일이 벌어졌어요. 이런 일이야 비일비재하니 말하기도 식상하네요.

한 가지만 더 말을 할게요. 요즘 들은 얘기예요. 교회에 젊은 권사가 고급 양로시설에서 청소 도우미로 일하고 있는데, 이렇게 말하더라고요. 사모님,

내가 청소하는 방의 주인들은 본인이 상당한 부자들이거나 아니면 그들의 부모들이에요. 그런데 신기한 게 두 가지 있는데, 하나는 그들 중 대다수가 기독교인이라는 것, 그중 할머니들은 거의 권사들이라는 거예요. 놀랐어요. 부자들에 기독교인이 많다는 걸요. 그런데 이상한 게 있더라고요. 불교인이 한 명 있는데, 다른 기독교 권사들은 한 번도 한 적이 없는 걸 하시는 거예요. 거기는 회원들만 뽑아 먹을 수 있는 원두커피가 있어요. 금방 갈아서 내려 주니까 무척 구수하고 맛있어요. 우리들 같은 사람들은 아무리 먹고 싶어도 못 먹지요. 회원들이 뽑아 주지 않는 한 말이에요. 그런데 그 불자 할머니는 그 방에 청소하러 들어갈 때마다 뽑아 놓고 기다려요. 그것도 내가 좋아하는 카푸치노로요. 힘든 일 하는데, 우선 한 잔 마시고 하라고 하면서요. 그만 눈물이 핑 돌더라고요. 어떻게 이렇게 하시냐고 했더니, 어려서부터 당신의 어머니가 불심을 가르치고 훈련시켰대요. 남을 돌아보는 훈련을요. 그런데 보세요, 거기 대다수의 기독교 권사님들, 젊은 날에는 온갖 교회 일 도맡아서 하셨던 그 일꾼들은 어떤가요? 갑자기 내가 부끄러워지는 거예요. 저도 권사잖아요. 아차 싶더라고요. 그 부자 권사님들은 입만 벌리면 하나님 축복으로 이렇게 부자가 되었다고 말해요. 맞지요. 부인할 수 없어요. 믿음의 위력이니까. 그러나 그뿐이에요. 더 이상 없어요. 아, 그래요 아무리 그래도 이웃에게는 무용한 사람들일 뿐이에요. 그 축복은 아주 이기적일 뿐이에요. 예수님이 그래서 이웃사랑을 아예 계명으로 하셨나 봐요. 저러니까, 믿음이라는 이유로 자기 이기심만 채우니까. 사모님, 그래도 그 사람들 구원받은 거 맞지요? 예수님 보혈로 대속 받았으니까, 그렇지요?

   집사님, 그날 사모인 내가 기도가 끝나기도 전에 눈을 떠버린 것은 이제 그만 내려오고 싶어서였어요. 저 골고다 죽음의 언덕을요. 죽은 예수님이 십자가에 달린 채 이천 년째 그리고 앞으로도 피 흘리는 우상으로 서 있는

두 번째 메일　　27

골고다 언덕을 이제는 그만 내려오고 싶었기 때문이었어요. 우상화되는 게 싫어서 억지로 왕 삼으려는 것을 뿌리치고 기도하러 가셨던 예수님이 우상으로 붙들려 있는 그 언덕을 그만 내려오고 말았답니다. 골고다 강단은 희미해지고 기도 소리는 아득히 멀어졌어요. 내 눈은 갈릴리 호수로 뛰어갔어요. 피어오르는 물안개 속을 헤치며 새벽빛이 비치고 은빛 물고기가 퍼득거리는 갈릴리 호수를 걷고 있었어요. 그리고 두리번거리며 기다렸어요. 그분을, 그때 그분을, 나사렛의 요셉의 아들 그리고 갈릴리의 하나님 아들을 말이에요. 만나서 같이 날마다 새로 솟아나는 해를 맞이하며 나사렛과 가버나움 그리고 유대와 사마리아와 갈릴리를 오가며, 그분은 어떻게 이 세상을 살고 있는지를 직접 보고 직접 육성으로 듣고 싶었기 때문이었어요. 이때까지 교회가 가르쳐 주는 대로 늘 전통적으로 그렇게 고백해 왔던 대로의 그 신앙의 예수와 이별한 거지요. 우상 타파자가 우상이 되어버린(The iconoclast became the Icon.) 그 만들어진 신앙의 예수에게서는 나는 더 이상 사랑을 느끼지 못했으니 그만 떠난 겁니다. 이제 내가 가슴 뛰며 기다리고 보고 싶은 분을, 사랑하며 따르고 싶은 분을 초조하게 기다립니다. 거기 갈릴리 호숫가에서 말이에요. 곧 만날 거예요.

눈 부신 해가 떠올랐어요. 만발한 메밀꽃은 양잿물에 하얗게 삶아 빨아 널은 옥양목 이불처럼 널려 있네요. 바람에 너울대며 늦여름의 매미가 졸졸 흐르는 내와 어울려 세상의 아침을 열고 있어요. 이 아름다운 아침에 갈릴리의 예수님과 오늘을 걸을 생각을 하니 가슴이 뛰네요. 그 길이 좁은 길이지만, 머리 둘 곳도 없이 피곤한 길이지만, 그분이 내디딘 인내와 용서와 사랑과 희망의 발자국을 따라 세상의 한가운데를 기꺼이 걷고 싶네요. 그게 곧 자유의 길이니까요. 참으로 세상에서 자유로울 수 능력이니까요. 저녁이 되어 터진 등어리, 부르튼 발을 문지르며 아버지 하나님 품에서 곤하게 잠들 때까지는 심장이 쿵쾅쿵쾅 살아서 뛰는 그 역사의 갈릴리 예수님과 오늘의 낮을 살 거예요.

세 번째 메일

1517년의 종교개혁은 미완성이에요

 집사님, 신학을 전공하지 않은 집사님 입에서 종교개혁이 다시 일어나야 한다고 외치는 말에 너무나 깜짝 놀랐어요. 순전히 교회 현장에서 감지한 개혁의 당연과 필연을 보았던 것이지요. 신학을 전공한 저로서는 개혁이 다시 일어나야 하기보다는 1517년에 일어난 개혁을 완성해야 한다고 말하고 싶군요.

 개혁의 완성이란 신앙의 예수님에게서 역사의 예수님에게로 돌아가는 것을 말합니다. 교회의 두꺼운 권위를 벗기고 성서의 권위를 회복한 것이 1517년의 개혁이었어요. 교회와 성서의 이상한 동거를 발견하고 성서의 권위와 교회를 구별한 것이지요. 개혁의 슬로건 중 하나가 오직 성서(Sola Scriptura)였는데 그 외침은 성서에 대한 교회의 교황주의, 사제주의와 교권주의의 남용과 횡포를 종식시켰지요. 성서에 대한 교회의 자의적 해석을 거부하고 대중적 읽기를 시도한 것이었지요.

 그러나 성서로 돌아왔다고 그것이 개혁의 완전한 종착역은 아니에요. 성서의 불오성과 무오성에 대한 주장은 교회를 성서의 권위에 종속시킨 큰 업적이었지만, 그 주장은 성서를 문자적으로 해석하는 오류를 피할 수 없게 하였어요. 한 글자 한 글자가 다 성령의 감동으로 써졌다고 하는 축자영감설까지 주장하게 되었으니, 성서라는 그 성역을 어떻게 더 파헤쳐 볼 생각을 하겠습니까? 축자영감설의 성서는 의미와 의미를 담아내는 그릇들을 획

일화하고 똑같이 절대화한 것이에요. 의미(meaning)와 방식(method)을 구별하지 못한 것이지요. 성서라는 절대적 이름 때문에 더 이상 현미경을 비춰 볼 생각을 못한 것이지요.

성서로 돌아간 기독교는 두 가지 대립적 양상을 띠게 되었어요. 문자주의와 신비주의지요. 문자주의는 축자영감설처럼 의미를 담으려고 사용된 다양한 방식조차도 본질과 사실과 진리로 여기는 것을 말해요. 문자주의는 성서에 대해 솔직하게 다가서기를 꺼려하지요. 계몽주의와 역사비평학이라는 인문과학의 발달을 애써 외면해요. 두려움 때문이지요. 문자주의적인 근본주의가 성서에 대한 사실을 왜곡하고 있다는 것을 알게 되는 두려움 말이에요.

반면 신비주의는 성령을 종으로 부려 먹고 있어요. 성서의 해석자로 성령을 이용하고 있으니까요. 각종 이단들이 성령의 이름으로 극성을 떠는 것이지요. 성령의 이름으로 성서의 문자를 자의적으로 해석하는 거지요. 특히 이현령비현령이 되기 쉬운 알레고리라는 해석방식으로 성령을 빙자하여 점도 치고, 간음하고, 치부하고, 종파를 만들고, 자기들의 교리를 만들지요. 신비주의는 성령을 이기적으로 부려 먹는 종으로 만들어 버린 것이에요. 사실을 알고 싶어 하지 않는 겁쟁이인 문자주의적 근본주의나, 사실엔 관심조차도 없이 이기주의적인 신앙과 그 신비적 신앙의 황홀경에 빠져 있고 싶어 하는 신비주의는 모두 사실의 기독교가 아니에요. 기독교의 근거는 역사의 예수님에게만 있지요. 기독교의 참모습은 그때 그 예수님에게 있는 거지요. 종교개혁의 다른 슬로건인 오직 그리스도(Sola Christus), 오직 믿음(Sola Fide), 오직 은혜(Sola Gratia)가 말하는 그리스도, 믿음, 은혜는 기독교의 사실이 되어야 할 역사의 예수님의(of) 하나님 나라 삶과 말씀의 언어들이기보다는 역사의 예수님에 대한(about) 바울의 이해, 설명, 해석에서 나온 언어들이거든요. 예수님의 언어들의 특징은 하나님 나라, 아버지, 용서, 따름, 좁은 길 등이랍니다.

성서는 그릇이에요. 하나님을 담아낸 그릇. 각 시대의 문화로, 각 종족의 종교로, 그 언어로, 그 과학적 발전 수준으로, 때로는 그 시대에 유행하는 문학적 표현 방법으로, 그리고 편집자의 경험으로, 때론 역사의 필연적 요구에 대한 저자 개인의 설명 방식으로 하나님을 담아낸 그릇이에요. 성서에는 근동의 세계관도 있고, 이스라엘의 역사도 있고, 앗수르, 바벨론, 페르시아, 헬라, 로마의 5대 제국의 문명도 있고, 유대교도 있고, 1세기의 세계관도 있고, 바울도 있고, 그리스-로마와 맞닥뜨린 유다이즘도 있어요. 그리고 예수님도 있어요.

성서는 장독대예요. 장을 담은 다양한 항아리가 모여 있는 것이지요. 성서로 돌아간 그 종교개혁은 그릇까지는 다가간 것이지요. 사실 그것 만해도 놀라운 개혁이지요. 교회의 권위라고 하는 진흙에 파묻혀 있던 성스러운 그릇을 파낸 것이니까요. 이제는 그 그릇 속의 하나님까지 들어가야만 해요. 하나님을 눈으로 볼 수 있고, 귀로 들을 수 있고, 손으로 만질 수 있도록 오신 갈릴리 역사의 예수님을 그릇 속에서 찾아 만나야 해요. 역사의 예수님을 그릇 속에서 찾는 일이 개혁의 완성일 겁니다. 그리고 기독교는 거기서 다시 시작해야만 하지요. 성서라는 그릇에서 시작한 기독교는 대속 신앙으로 예수님을 주님으로 고백해왔지만, 역사의 예수님에게서 시작하는 기독교는 삶으로 예수님을 주님으로 따르며 하나님 나라를 사는 겁니다. 기독교, 갈릴리의 그때 그 예수님에서 다시 시작해야만 해요.

자주 꽃 핀 건 자주 감자
파 보나 마나 자주 감자

하얀 꽃 핀 건 하얀 감자
파 보나 마나 하얀 감자

-권태응의 시 '감자 꽃'-

    오래전 여의도 순복음 교회와 목동 제일교회가 MBC PD 수첩에 방영되었어요. 돈과 권력 그리고 명예심에 대한 비판이었지요. 채 방영되지 않은 많은 대형교회들의 지금의 형편들도 대부분 마찬가지입니다. 왜, 무엇 때문에 이런 결과를 초래하게 되었을까요. 교회는 저들의 평생에 무엇이 되어왔단 말인가요. 어떤 예배를, 어떤 찬송을, 어떤 기도를, 어떤 교제를 해오고 있었단 말인가요. 그런 분명히 교회가 잘못된 토양에 뿌리를 내린 결과라고 생각돼요. 시작이 잘못되었어요. 아니면 본의 아니게 그 무엇이 강력하게 침투하게 되어 삐뚜로 성장하게 된 기형임에 틀림이 없어요. 왜냐하면 지금의 기독교와 교회의 모습은 역사의 한 정점에 사셨던 그 갈릴리 예수님이 이 땅에 이루려고 꿈꾸던 그 하나님 나라의 모습은 아니니까요.

    어느 유명 기독교 신문에, 전화하면 예언해 준다는 광고가 실렸어요. 협잡꾼들의 사기를 알아차리지도 못하고 광고를 실어주는 신문사도 그 밥에 그 나물이더라고요. 교회도 신문사도 심지어 신학자들도 뭐가 뭔지 모르고 헤매고 있어요. 언젠가 삶에 답답한 집사가 목사님에게 이렇게 물어보더라고요. 자기를 위해 기도할 때 뭐 좀 느껴지는 것 없으시냐고, 뭐 좀 보이지 않으시냐고 말이에요. 그리고 어떤 날은 나한테 이렇게 말하더라고요. 어떤 예언에 능력이 있다는 전도사에게 기도를 받았다는 거예요. 그러고는 말하기를, 그 예언하는 전도사가 말하기를 사모님이 전에는 기도를 많이 했는데 요즘은 좀 식었다고 말하더라고요. 붙잡을 지푸라기라도 찾고 있는 그를 탓

할 수는 없었지만 슬펐어요. 평생 교회 다니며 교회 일을 열심히 도맡아 하는 신앙 좋다는 그런 집사님이 문제에 봉착했을 때, 거짓 예언자를 찾아다니며 위로나 받고 목회자에게 문제 해결의 책임을 전가하는 값싼 행태가 슬펐어요.

   그 집사님은 이때껏 무엇을 예배하며 믿었으며, 교회는 이때껏 무엇을 설교하고 가르치고 훈련했는지. 갈릴리의 예수님이 전혀 보이지를 않았어요. 갈릴리의 예수님과 그분의 하나님 나라와는 상관이 없는 예배와 교회생활은 얼마든지 자행될 수 있는 것이었어요. 교회와 교인들이 대속론적 신앙고백에만 갇혀 있어, 고통과 죽음은 예수님이 대신 당했으니 그걸 믿고 고백하는 신자들은 복밖에 받을 것이 없다는 값싼 인생을 꿈꾸며 살기 때문이지요. 삶의 고통과 고난의 자리에 있어서는 당황하는 교회와 종교적 정신병자들의 광분에 기독교는 길을 헤매고 있는 거예요.

   교회가 생전의 갈릴리 예수님을 따르는 데보다는 사후 대속의 예수님을 신앙으로 고백하는 데 치중했기 때문입니다. 설교가 복된 삶이란 예수님을 따르며 하나님 나라를 사는 것이라기보다는 세상의 복과 안녕을 얻는 것으로 기울어 있었기 때문이에요. 예수님이 수많은 비유를 들어가며 그렇게 애타게 말하신 하나님 나라의 삶의 모양에 전적으로 매달려 있지 않았기 때문이지요. 그 나라의 삶, 곧 예수님을 따르는 삶은 머리 둘 곳이 없는 삶이라고 했고, 좁은 길이고, 협착한 길이고, 십자가의 길이라고 했는데 말이에요. 아버지의 자녀인 너와 나 중에 누가 이런 편을 택할 것인가요? 아버지의 자녀들인 우리들 중에 누가 이런 자리에 설 것인가요? 아버지의 자녀들인 남편과 아내 중에 누가 누구를 보고 이쪽을 담당하라고 할 것인가요? 아버지의 자녀들이 모인 우리 직장에서 누가? 아버지의 자녀들로 구성된 우리 공동체에서 누가 그런 감정과 물질과 위치와 수고와 인내와 멸시와 오해를 달게 받고, 달게 손해 보고 할 것인가요? 아버지의 자녀인 너의 평안을 위해 기꺼이 아버지의 자녀인 내가 수고하는 삶이 예수인의 삶이 아닌가요? 좁은 길, 협착한 길, 십자가를 지는 길, 그 길을 따르는 것이 갈릴리 예수님의 비전이 아니었던가요. 하나님 나라는 바로 그런 모습 아닌가요.

  집사님, 그런데 어떤가요. 갈릴리 예수님으로 비롯되어 이천년을 지낸 교회의 결국이 어떤가요. 성서로 돌아갔다는 개혁교회의 결국이 어떤가요. 과연 갈릴리 예수님이 꿈꾸다가 그 꿈 때문에 죽게 된 그 하나님 나라가 그런 모양인가요. 이런 결과를 바울이 말한 구원의 세 단계의 과정 즉 의화(Justification), 성화(Sanctification) 그리고 영화(Glorification)의 과정에 있기 때문이라는 말로 위안을 삼을 건가요. 다시 말하자면 죄인인 우리가 하나님의 전적인 은혜로 의롭다 여김을 받고, 이 세상에서 힘든 성화의 과정을 거쳐 결국 영광의 하늘나라에 입성한다는 그 세 단계 중 이 땅의 교회는 영화의 전 단계인 두 번째 단계, 성화의 과정 중에 있기 때문이라고 변명할 것인가요.

  바울의 대속론적 교회와 예수님의 하나님 나라는 꼭 같지는 않습니다. 생전의 예수님을 본 적도 없고 그를 따른 적도 없는 바울의 교회는 사후 예수님에 대한 고백 즉 예수님의 대속적인 죽음과 부활을 고백하고 신앙하는 교회였지요. 그러니 생전의 예수님이 말하신 하나님 나라와는 많이 다릅니다. 고백과 신앙의 주가 되시는 예수님은 그분의 가르침과 삶을 따르는 데 있어서 주가 되시는 예수님과 많이 다릅니다. 갈릴리에서 예수님은 나를 따르라고 말했지 나를 믿으라고 말하지 않았어요. 생전의 예수님과 사후의 예수님, 하나님 나라의 예수님과 교회의 예수님, 따르는 예수님과 신앙의 예수님의 얼굴들은 많이 다릅니다. 우리 기독교는 이 다른 얼굴들을 다 갖고 있지만 후자들의 얼굴이 훨씬 부각되어 있는 게 사실입니다. 예수님은 우상을 타파하는 자가 우상이 되고 만 꼴이 된 것이지요. (The Icon oclast became a icon)

이렇게 된 데에 있어서 많은 비평적 학자들은 바울의 책임으로 돌리고 있지만 바울을 잘 알면 꼭 그렇게는 말할 수 없습니다. 바울에게 책임을 돌리기보다는 바울의 언어를 문자주의적으로 오해한 데서 비롯됐다고 볼 수 있습니다. 예를 들어, 의롭다 함은 믿음으로 이루지 행위로 이루는 것이 아니라는 바울의 말에서, 바울이 사용한 믿음과 행위라는 용어는 유대의 율법과 관계가 있는 말이기 때문입니다. 나중에 자세히 말하겠지만, 십자가 대속론을 포함한 바울의 모든 용어들은 생전의 예수님이 직접 말한 예수님의(of) 하나님 나라 복음보다는 예수님에 대한(about) 즉 예수님과 유대종교와의 관계를 설명하는 환경에서 나온 말들이고 이방 선교를 위해서 사용된 용어들이랍니다. 그런데 시간의 층(layer)이 겹겹이 싸여지면서 바울의 그 환경적인 용어를 일반적인 용어로 이해하게 되자 갈릴리 예수님의 얼굴을 성형해 놓게 된 것이지요. 왜곡되게 이해된 바울의 언어들은 바울신학으로 체계를 이루게 되고 교회를 형성하는 데에 주된 틀이 되었던 것이지요.

이런 과정들은 기독교의 구원론을 아버지께로 가는 "길이요 진리요 생명"이라고 말한 갈릴리 예수님의 삶의 방식에 두지 않게 되었지요. 예수님의 삶보다는 유대교의 피의 제사종교에 입각한 예수님의 죽음의 의미에 역점을 두었지요. 1517년에 성서로 돌아간 개혁교회도 바울의 대속론의 턱을 넘지 못했던 것입니다. 그때에도 그때 그 갈릴리 예수님은 성서라는 그릇에서 나오지를 못했어요. 바울이 유대의 제사종교를 세계화하려는 의도에서 설명된 대속적인 죽음의 예수님이 마치 그 갈릴리의 예수님인 것처럼 오해받으며 지금까지 묻혀있는 거랍니다.

이제 때가 되었어요. 때가 차서 하나님의 아들이 육신으로 역사 속으로 오신 것처럼, 이제 때가 되었어요. 성서 속에서 그분을 찾을 때가. 그분에게서 기독교를 다시 세울 때가 되었어요. 죽음의 골짜기 골고다에서가 아니라 아침마다 삶의 태양이 떠오르고 어부들이 그물을 던지고 은빛 물고기들이 수면을 퍼득대며 뛰어오르는 갈릴리에서 다시 시작해야 될 때가 왔어요. 죽어서 흘린 피에서가 아니라 살아서 박동하는 심장에서 말이에요. 석양에서가 아니라 일출에서, 그리고 십자가 앞에서 대속제사 드리며 추앙을 받는 그리스도 우상에서가 아니라, 십자가를 지고 하나님 나라 길을 가는 사람의 아들에게서, 로마네스크와 비잔틴 누각으로 지어진 채 요지부동하는 교리, 도그마의 편안한 안가에서가 아니라, 예수님의 계명을 들고 빛과 소금으로 타고 녹아내리려니 참으로 피하고 싶은 세상의 길 위에서 시작해야 할 때가 왔어요.

　신앙의 예수님이 아니라 따름의 예수님에서 다시 시작해야 해요. 그리고 함부로 대해도 말을 해 줄 수 없는 죽은 예수님에게서가 아니라, 부활하여 영으로 계신다고 말들은 하지만 보이지 않기 때문에 무시를 당하는 그런 예수님에게서가 아니라, 맘대로, 입맛대로는, 제멋대로는, 욕심대로는, 무식한대로는 대할 수 없을뿐더러, 신앙적 상상도 할 수 없도록 육신의 사람으로 살았던 바로 그 객관적 예수님에서 다시 시작해야 해요. 나에게 이랬으면 저랬으면 좋겠는 그런 예수님이 아니라 예수님이 그때 그랬기 때문에 반드시 내가 그렇게 되어야만 되는 과거의 그 예수님에게 정직하게 다가가 (Honest to Jesus) 거기서 다시 시작해야 해요. 기독교 다시 시작의 화두는 예수님이 누구냐가 아니라 예수님이 누구였느냐(Who was Jesus?)예요. 과거의 그때 그 예수님만이 지금의 예수님을 정직하게 말해 줄 수 있기 때문이지요. 그때 그 역사의 예수님(The historical Jesus)의 삶의 법칙만이 각 시대의 나와 너에게 예수님이 누구냐(Who is Jesus, now)를 풀 수 있는 객관적 공식과 잣대가 될 수 있기 때문이에요. 집사님, 읽어줘서 고마워요. 조만간 다음 메일 보내겠습니다.

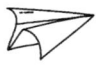

네 번째 메일

예수님의(of) 복음과 예수님에 대한(about) 복음은 달라요

집사님, 화이트 크리스마스네요. 여기 용인은 거의 이틀을 폭탄처럼 내렸어요. 이런 폭설은 100년만이라네요. 예수님은 겨울에 태어나신 것은 아니래요. 거기 겨울은 습해서 양들을 밖에 내놓지 않는대요. 그러니 목자들이 양 틈에 누워 자다가 아기 예수님을 만나는 일은 없었겠어요. 아무튼 우리의 시선은 그분이 어떻게 이 세상을 살았기에 청년의 때에 그런 죽음을 죽었는지 다시 한번 생각할 수 있는, 육신의 탄생에 와 있군요. 이제 나사렛의 사람 예수님이 어떻게 살았었기에 갈릴리의 하나님 아들이 되었는지 그 여정을 솔직하게 따라가 보려고 해요.

성서에는 예수님의 복음과 예수님에 대한 복음이 다 들어 있어요. 집사님, 밖에 나가서서 눈이 소복하게 쌓인 하얀 마당에 서 봐요. 아무도 밟지 않은 곳에 손가락으로 삼각형을 조금 크게 그려봐요. 그리고 왼편 각에는 '구약'이라고 쓰고, 오른편 각에는 '신약'이라고 써 봐요. 맨 꼭대기 각에는 '예수님'이라고 쓰고요. 삼각형 안에는 '성서'라고 쓰세요. 이 그림은 나의 교수님이 그린 그림이었는데 저도 많이 이용하고 있답니다. 그림의 뜻을 대강은 파악하셨으리라 생각됩니다. 성서 안에는 크게 구약과 신약 그리고 예수님이 있다는 것이지요. 구약과 신약과 예수님을 따로 말하는 데는 이유가 있어요. 구약이 곧 예수님이라고도, 신약이 곧 예수님이라고도 말할 수는 없다는 것이에요. 보통 구약은 예수님의 그림자요, 신약의 예수님의 증언이라고 말하지만, 저는 이렇게 말합니다. 성서에는 예수님에 대한(about) 복음과 그 실체인 예수님의(of) 복음이 있다고 말입니다.

예수님의(of) 복음은 예수님이 직접 육성으로 가르치고 육신으로 살았던 내용을 말하지요. 그러니 구약에는 있을 리가 없고 신약에는 있는듯하지만 실은 슬쩍 비출 뿐이지요. 왜냐하면 신약은 예수님의 사후에 써진 예수님에 대한(about) 복음이기 때문이에요. 그리고 예수님의 직접적인 복음은 있을 수는 없는 구약은 예수님의 복음이 나올 수밖에 없는 토양이 되는 겁니다. 그러니 예수님의 복음을 알 수 있는 것에 구약과 신약은 절대적이지요. 그중 신약은 예수님의 직접적인 복음을 알아내는데 귀중한 자료가 됩니다. 아기로 탄생하여 사람으로 오신 그때 그 과거의 예수님이 그토록 가르치고, 살고, 그것 때문에 죽었던 그 복음은 대체 무엇이었을까요. 이걸 찾기란 그리 쉽지 않을뿐더러 그나마도 시대의 진화가 없었던들 불가능했을 것입니다.

1517년의 종교개혁이 성서로 돌아가자고 외쳤을 때, 그동안 교회가 자행해 왔던 교권주의적인 성서해석을 전면 부인하고 성서를 알맹이 그대로 읽으려고 했지요. 당시 보편적 서민 언어인 독일어로 번역한 쪽 복음들이 나돌기 시작하면서 사제들만의 전유물이었던 성서가 일반인들의 손에 들려지게 되었어요. 그러나 그뿐이었습니다. 교회의 권위를 벗기는 데는 성공한 성서 개혁이었지만, 그 후 교회라는 거름망이 없어지고 어떤 신학적인 장치도 없는 채로 일반인들 손안에 들어간 성서와 그 해석을 생각해 봐요. 극에 달한 문자주의에 대한 신봉과 그것을 이용한 권력과 부의 획득이에요. 반면에 종교개혁 이후에 분열된 교회의 혼란 속에서 각종 이단과 신비주의적인 종교 형태의 발달입니다. 문자주의는 성서엔 어느 글자 하나라도 오류가 없다는 무오성을 주장하면서 마녀사냥과 이단에 대한 무참한 처형이 자행하였지요.

　성서가 이런 절대적인 문자에서 해방을 맞이한 것은 18세기의 계몽주의 덕분이에요. 이성과 과학의 발달로 시대정신이 변한 것이지요. 비평학의 발달로 세계관은 절대적인 가치에서 상대적 가치로 이해되었어요. 성서도 그 성역을 유지할 수가 없게 되었지요. 역사비평에 의한 편집비평, 자료비평, 문학비평 같은 문학적인 도구로 성서를 파기 시작하게 된 거예요. 이런 성서비평에서 얻어진 결론은 그야말로 충격 그 자체였습니다. 성서는 역사적인 구조물이라는 것이지요. 성서의 각 권은 역사적, 시대적 배경을 달리하고 있고, 저자에 의해 색깔을 입었으며, 편집의 의도와 방향에 영향을 받았고, 문학적인 양식에 의해 표현되었고, 여러 자료들을 사용하면서 통합, 수정, 첨가, 삭제를 감행했다는 것이 낱낱이 밝혀지게 된 것입니다.

　구약은 차치하고 신약만 말해보면 이렇습니다. 신약은 복음서와 서신서로 나누어집니다. 서신서는 복음서보다 먼저 써졌고, 바울의 데살로니카 전서가 제일 먼저 써졌지요. 주후 약 50년쯤으로 보니 예수 사후 약 이십 년이 지나서네요. 그리고 복음서는 바울이 죽고 난 후, 예루살렘이 멸망한 후부터 나오기 시작했는데, 마가복음이 제일 먼저 써졌고요. 그게 70년쯤이니까 바울서신이 처음 등장한지 20년이 지나서네요. 갈릴리 예수님의 모습은 서신서보다는 복음서에서 볼 수 있어요. 서신서가 편지를 쓸 수밖에 없었던 상황에서 써진 것처럼 복음서도 마가, 마태, 누가, 요한이라는 저자(혹은 그 교회)가 복음서를 내놓을 수밖에 없었던 당시의 교회나 세상의 형편이 있었던 걸 알게 됐지요. 4 복음서에 관한 자세한 이야기는 앞으로 보낼 메일을 통해 할 것입니다.

　아무튼 그러니 네 개의 복음서가 말하고 있는 예수님도 꼭 그때 그 예수님의 모든 것을 그대로 리얼하게 사실대로 보고하고 있다고 생각할 수는 없지요. 북미의 예수 세미나라는 역사의 예수님을 연구하는 그룹의 보고에 의하면, 복음서에서 예수님의 진정한 말씀은 18%밖에 안 된다고 합니다. 그래도 다행이라고 생각해요. 그나마도 있으니 말이에요. 그것 때문에 성서는 성서로서의 역할을 다하고 있다고 할 수 있지요. 그걸 간직하고 있으니까요. 예수 세미나를 비롯한 역사의 연구의 발전사와 그 발견들은 앞으로 보낼 여러 메일을 통해 아시게 될 거예요. 그뿐만 아니라 그 연구들의 결과를 통해서 갈릴리 예수님의 진면목도 충분히 논하게 될 것이고요.

  복음서에는 예수님이 누구였는가를 기준해서 현재 상황에 처해 있는 자기의 예수님은 누구인가를 동시에 말하고 있어요. 역사의 예수님과 해석된 예수님이 공존한다는 말이지요. 그렇지만 바울의 서신서는 바울이 예수님을 만나본 적이 없기 때문에 예수님으로부터 직접 들은 바도, 본 바도 없어서 그렇긴 하지만, 바울의 서신서에서 보여지는 예수님과 복음서에 보여지는 예수님은 상당히 다른 것을 볼 수 있어요. 복음서의 예수님은 직접 말하는 자요, 세상을 직접 사는 자이지요. 예수님의 말씀과 비전과 삶을 통틀어 하나님 나라라고 하지요. 복음서의 예수님은 하나님 나라를 선포하고, 하나님 나라를 꿈꾸고, 하나님 나라를 살아요. 그런데 서신서에서는 그렇지 않아요. 서신서의 예수님은 말하는 자가 아니라, 말해지는 자예요. 선포하는 자가 아니라 선포되는 자예요. 복음서에서 예수님의 초점은 하나님의 나라인데, 서신서에서 바울의 초점은 예수라는 인물에 있어요. 예수님의 복음은 하나님 나라인데, 바울의 복음은 예수라는 인물에 있다는 말이지요. 그래서 예수님의 복음은 나처럼 살아라, 나를 따라라, 나처럼 생각하라, 나처럼 대하라 등등이에요. 예수님이 세상을 사는 방식이 하나님 나라 방식들이니까요. 그런데 서신서를 대표하는 바울의 복음은 그게 아니에요. 바울의 예수님은 유대교가 요구하는 율법과 제사를 대신하는 인물일 뿐이지요. 특히 속죄의 피를 흘리는 동물을 대신하는 인물이에요. 고맙게도 하나님이 아들을 보내서 그 일을 담당시켰다는 인물이지요. 바울이 처한 유대교적 전통과 급변하는 이방 세상 사이에서 그가 해석해 낸 예수에 대한(about) 복음이랍니다. 예수님에 대한 바울의 신학적, 주관적, 역사적, 성서적, 문화적 해석이요, 평가지요.

자, 예수님의 하나님 나라 복음과 바울의 예수님에 대한 대속의 복음은 그 내용이 다르다는 것을 알게 되었을 거예요. 그런데 문제는 이것이 성서라는 이름으로 동일시되고 있다는 말입니다. 그뿐만 아니라, 예수님에 대한(about) 복음이 예수의(of) 복음을 능가하고 있다는 말이에요. 꿈보다 해몽이 좋다고 하던가요? 해석된 예수님 실제의 예수님보다 훨씬 근사하다는 말이지요. 그래요. 누구든지 얼마든지 예수님에 대한 해석과 고백들을 말 할 수 있어요. 그러나 해석과 고백은 삶의 자리에서 담아낸 그릇일 뿐이지요. 성서라는 이유로 그릇까지도 불변의 진리라고 여길 수는 없지요. 다양한 해석들과 다양한 표현양식들까지 절대적 사실로 받아들여서는 안 된다는 말입니다. 그릇은 낡으면 바꿀 수 있어요. 그러나 성서 속의 그릇들은 그 시대의 것들이니까 그대로 두면서 이해하는 편이 훨씬 알맹이를 다치지 않고 이해를 돕는 것이 될 거예요. 다만 간과하면 안 되는 것은 알맹이와 그릇이 똑같이 절대 가치를 가질 수는 없다는 거예요. 그러니 알맹이인 예수님의 복음과 그릇인 예수님에 대한 복음은 똑같은 가치를 가질 수가 없습니다. 예수님의(of) 복음만이 성서 속의 알맹이니까요. 즉 예수님의 하나님 나라만이 알맹이요, 불변의 진리예요. 이것을 위해서 예비와 준비의 역할은 구약이, 완성은 신약이 담당하는 것이지요. 불완전하고 깨지기 쉬운 그릇으로서 말이지요.

그런데 그릇이 알맹이보다 훨씬 더 중요시 여기게 된 데는 이유가 있어요. 전의 메일에서도 말했지만, 예수님에 대한 바울의 복음인 십자가 대속론을 문자 그대로 사실(fact)로 믿기 때문이지요. 사실화되는 과정에는 두 가지의 오류가 작용했지요. 하나는, 히브리적 사색을 헬라적 방식으로 이해한 겁니다. 성서는 히브리인들의 책이지요. 이슈와 고민과 사색과 주장과 변명들과 그것들을 표현하는 방식까지도 모두 히브리인들 것이라는 말입니다. 그런데 그 성서가 히브리적 사색을 모르는 헬라권에서 읽히고 이해되다 보니 오류가 생겼다는 말입니다. 쓰기와 읽기에 있어서 진정한 소통이 안 된 것이지요. 이럴 때 대부분은 쓰기보다 읽기에서 오류를 범하지요. 예를 들어 보지요. 어느 가정에 자꾸 고난이 닥치고 우환이 생겼어요. 어느 날 가정을 누구보다도 사랑하고 아끼고, 오랜 병중에서도 희생을 도맡아 하던 어머니가 죽었어요. 그 가정을 늘 걱정하던 아는 친척이 이렇게 말했지요. 이제 이 집의 고난은 끝났다고. 우환은 다시는 없을 것이라고. 어머니가 죽으면서 다 가져갔으니까, 대신 액땜을 했으니까, 이제는 괜찮을 것이라고요. 그리고 어떤 세리모니를 하기도 하지요. 죽은 자의 옷가지를 죄다 태운다던가, 구석구석 청소하면서 모아놓은 허접한 쓰레기들을 태운다던가 하지요. 그리고 염원을 담은 주문이나 악신을 쫓는 언행을 하기도 합니다. 이것이 뜻하는 바는 무엇입니까? 제발 평안하기를 비는 마음이지요. 그러나 이 말을 문자 그대로 믿는 눈치 없는 얼간이 자식들은 이렇게 생각합니다. 그래, 우리 엄마는 오래 아팠지만, 그것 때문에 죽은 것이 아니야. 우리 집 고난을 모두 거둬 가기 위해서 죽은 것이야. 액땜을 위해서 죽은 거라고 말입니다. 꿈에도 소원이 그렇게 되었으면 해서 친척이 빌은 엄마의 은유적 죽음이 어느새 사실이 되어 자자손손 물려받는 신앙고백이 되었지요. 병사했다는 실제의 사실은 약화되고 평안을 비는 뜻으로, 희생양으로 죽었다는 은유적 표현이 훨씬 강해지다가 사실이 되어버린 것입니다.

그릇인 바울의 대속론이 알맹이인 하나님 나라를 제치고 구원의 표지와 교리로 자리 잡은 데에는 이유가 하나 더 있어요. 바울의 고민이에요. 역사적 고민이지요. 그 고민은 필연이었지요. 바로 그리스-로마의 여러 문화가 팽창하는 가운데서 헤매는 유다이즘(이스라엘의 혈통과 율법 중심의 공동체)의 정체성이었어요. 이것 때문에 바울은 예수님의 제자들을 핍박했지만 결국 이것 때문에 이방인들을 위한 사도가 되었던 거예요. 바울은 바리새인 중에 바리새인이었지만 헬라권의 지식인이었지요. 그는 알았어요. 열린 세상에서 할례와 율법을 위시한 유대교의 법령들이 얼마나 거추장스러운지를. 유대주의자인 그는 유대교가 주장하는 것들을 하나도 손상시키지 않고 그리스-로마의 여러 문화권에 내놓을 수 있는 방법을 찾기 위해 몸부림쳤지요. 마침내 예수님의 죽음에서 그것들을 상쇄할 만한 은유를 발견한 겁니다.

바울은 예수님의 복음인 하나님 나라를 잘 모르지요. 들리는 소문과 예수님의 사후 제자들의 모임을 통해서 알 뿐이었을 거예요. 예수님의 이름으로 모이는 제자 공동체(Jesus movement)가 보여 준 코스모폴리탄적인 사귐과 예배에서 그 모형을 본 것일까요. 유대인과 이방인들, 남자와 여자, 어른과 유아들이 어울려서 함께 하나님 앞에서 한 가족이 되는 모습 말이에요. 그는 제자 공동체들에게 그렇게 할 수 있도록 영향을 준 예수님에게서 열린 여러 문화에 대하여 말할 수 있는 유다이즘의 변명, 혹은 대화를 끌어낸 것이지요. 이 변명, 대화가 곧 대속론이에요. 이것은 헬라권에 사는 디아스포라(이방으로 흩어진 유대인들)들이나 이방인들에게 문화의 충격을 벗어나게 해 준 것이지요. 바리새인 중에 바리새인인 바울이 이해할 수 없었던 그 자유(이스라엘 선민의 야훼 하나님에서 전 우주의 아버지 하나님의 자녀로서)를 선포하다가 죽은 예수님의 피 흘림이야말로 대속적 가치가 있다고 생각한 것이지요. 예수님의 죽음은 유대교의 율법이 요구하는 할례와 희생제사와 안식일과 다른 법령들을 상쇄하는 우주적인 대속적인 죽음이라고 해석한 것입니다. 바리새인 중의 바리새인인 철저한 유대교 신봉자였던 바울의 모든 용어와 개념은 예수님에 대한 설명의 근거로 사용될 수밖에 없었던 것입니다. 메리 크리스마스!

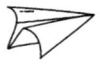

다섯 번째 메일

바울의 비전과 예수님의 비전은 달라요

집사님, 오늘은 2024년 마지막 날이에요. 나이의 속도만큼 인생이 달린다는 거 정말 실감이 나네요. 집사님은 이제 60킬로로 달리겠네요. 하하. 동편에 창을 낸 저희 안방에 눈이 부시도록 올해의 마지막 아침햇살이 들어와 앉았네요. 오래 붙들어 두럽니다. 못내 풀지 못하고 하얗게 한(寒-恨)을 품고 해를 넘기는 저 앞산을 달래럽니다.

내가 신학생 때였어요. 친구가 말하기를 너희 예수쟁이들은 왜 그렇게 단세포적이냐는 거예요. 기독교의 단세포적 선언! 예수님이 내 죄를 위해 대신 죽은 걸 믿으면 구원받고 믿지 않으면 그렇지 못한다는 교리를 두고 말하는 거였어요. 난 그때 그 친구에게 이 대속교리를 고백하도록 무척이나 애썼지요. 지금은 구원파 이단에서 이 교리를 더더욱 강조하지요. 이 교리를 고백하는 날이 구원받은 날이라나요. 만약 기존의 기독교인들이 이 교리를 고백은 하면서도 처음 고백한 날짜를 모르고 있다면 구원받은 게 아니라고 합니다. 교인을 현혹시켜서 자기네들의 집단으로 끌고 가기 위한 맹랑한 주장이지요. 지금에 와서 보니 그때 그 친구의 지적은 참으로 옳았어요. 왜냐하면 기독교인이냐 아니냐의 지표로 삼는 그 대속교리는 갈릴리 예수님의 것이 아니라 바울의 것이라 말할 수 있어요.

속죄를 위해 누군가 내 대신 피를 흘려주어야만 하는 행위는 유대의 종교전통이에요. 반드시 행하여야 하는 법령이지요. 속죄제나 대속제라는 용어는 동물의 희생을 통한 대속적인 제사를 수행해 왔던 유대인들만이 듣고 이해할 용어일 뿐이에요. 야훼 하나님한테 가기 위해서는 반드시 죄를 속하여야 하며 그것을 위해 대신 동물을 잡아 희생의 피를 흘려왔던 유대의 율법적 전통을 가진 자들에게만 통용되는 개념일 뿐인 것이에요. 바울은 왜 이 유대의 전통적인 제사용어와 예수님의 죽음을 연결할 수밖에 없었을까요. 이 제사용어로 당신의 죽음이 해석될 것이라고는 예수님은 꿈에도 생각 못 했을 일이 왜 벌어지고 말은 것일까요, 하나님 나라 실현이라는 우주적 복음을 설파하고 그렇게 살다가 그것 때문에 유대교의 성전주의자들과 율법주의자들에 의해 고소를 당하고, 로마정권 하에서 흠씬 두들겨 맞고, 창에 찔려, 십자가에서 사형당하면서 흘린 당신의 피가, 이후 대속의 제물로 희생당할 수억만 마리의 양을 살려 낼 줄은 예수님도 꿈에도 생각 못 했을 것이에요.

바울과 예수님은 동시대의 사람들이에요. 전에 보낸 메일에 잠깐 언급했습니다만, 바울은 예수님을 따르지 않았을 뿐 아니라 보지도 못했지요. 그러나 예수님의 사후 그 추종자들을 극렬히 반대하고 체포하러 다닌 것과 결국에는 회심한 것으로 보아 예수님을 간접적으로 알았다고 보아야 할 것이에요. 생전에 예수님을 따랐고 사후 그분의 가르침과 비전을 실현하려는 추종자들이 보여주는 모임의 형태나 삶의 형태에서 바울은 소문으로만 듣고 있었던 예수님의 비전에 맞닥뜨리게 된 것이지요. 추종자들의 코스모폴리탄적인 모임은 유다이즘 즉 민족적 유대주의에서 상당히 진보된 것으로 탈민족적, 탈 문화적이며 탈 유대교적인 형태를 띠었어요. 그래서 유대 전통주의를 고수하는 바리새인 중의 바리새인인 국수주의자 바울은 그 추종자들의 모임을 훼파하기에 혈안이 되어 있었고, 스데반 집사의 사형을 마땅한 것으로 여겼습니다. 회심한 후 그때의 자기를 죄인 중의 괴수였다고 말했으니까요.

바울의 이방 선교의 비전을 모르면 바울의 대속론을 이해할 수가 없습니다. 기독교는 바울을 이해하지 못했던 것 같습니다. 바울의 비전은 우선 바울의 편지에서 성민이라고 부른 헬라권에 퍼져 살고 있으면서 유대종교를 여전히 신봉하는 디아스포라 유대인들과 유대교로 개종한 이방인들에게 그들이 바라고 있는 메시아가 바로 예수님이라는 것을 전하는 것이고 이방인 모두를 하나님의 성민이 되게 하는 것이었지요. 만약 기독교가 그런 바울을 온전히 이해했더라면 하나님 나라의 실현이라는 예수님의 복음에 대속적인 구원이라는 바울의 복음을 내어 주지는 않았겠지요. 당시 그리스-로마의 세속적 문화와 문명 확장의 현장에 살았던 디아스포라 바울에게는 변함없는 한 가지 열망이 있었어요. 아주 극심한 열망인데 바울이 직접 밝힌 바였지요.

> "내가 처음부터 내 민족 중에와 예루살렘에서 젊었을 때 생활한 상태를 유대인이 다 아는 바라 일찍부터 나를 알았으니 저희가 증거하려 하면 내가 우리 종교의 가장 엄한 파를 좇아 바리새인의 생활을 하였다고 할 것이라"(행 26:4-5)

즉 유대주의를 고수하는 것이었고 확장하는 것이었어요. 바울이 적극적으로 핍박하던 수리아에 있는 예수님의 추종자들에게서 본 우주적인 모임과 생활의 형태는 반유대주의적인 것으로 여겨진 것이었지요.

> "나는 유대인으로 길리기아 다소에서 났고 이 성에서 자라 가말리엘의 문하에서 우리 조상들의 율법의 엄한 교훈을 받았고 오늘 너

희 모든 사람처럼 하나님께 대하여 열심 있는 자라 내가 이 도를 핍박하여 사람을 죽이기까지 하고 남녀를 결박하여 옥에 넘겼노니 이에 대제사장과 모든 장로들이 내 증인이라 또 내가 저희에게서 다메섹 형제들에게 가는 공문을 받아 가지고 거기 있는 자들도 결박하여 예루살렘으로 끌어다가 형벌 받게 하려고 가더니"(행 22:2-5)

바울에게 있어서 회심 이전이나 회심 이후에도 유대주의의 고수와 확장은 변함이 없었던 것이지요. 이스라엘의 하나님에게로 모든 민족을 돌아오게 하는 열망 때문에, 회심 이전에도 하나님에게 열심을 다하여 도를 핍박한 것이었고, 회심 이후에도 마찬가지였어요.

"나도 나사렛 예수의 이름을 대적하여 범사를 행하여야 될 줄 스스로 생각하고"(행 26:9)

"내가 동족 중 여러 연갑자보다 유대교를 지나치게 믿어 재 조상의 유전에 대하여 더욱 열심이 있었으나... 그의 아들을 이방에 전하기 위하여"(갈 1:14)

"이제도 여기 서서 신문 받는 것은 하나님이 우리 조상에게 약속하신 것을 바라는 까닭이니 이 약속은 우리 열두 지파가 밤낮으로 간절히 하나님을 받들어 섬김으로 얻기를 바라는 바인데 아그립바 왕이여 이 소망을 인하여 내가 유대인들에게 송사를 받는 것이니이다"(행 26: 6-7)

바울은 자기가 지금 유대인에게 받는 이 송사도 사실 그 열망 때문이라고 말하고 있지 않습니까? 열방을 이스라엘의 하나님에게로 오게 하는 것 그것은 바울의 변함없는 소망이었어요. 다만 회심이전과 회심 이후 그 방법이 다르게 변한 것뿐이지요.

그리스-로마 문명의 중심 도시인 길리기아 다소의 디아스포라이며 높은 학식을 가진 바울은 깊은 고민 중에 있었을 거예요. 여러 문화의 소용돌이 속에서 유대주의를 보존하고 확장하는 방법이 엄한 바리새파의 풍습과 생활을 더욱더 강화하는 것이라고 믿었던 바울일지라도 현실을 무시할 수가 없었을 거예요. 디아스포라 유대인들이 여러 문화 속에서 독특한 풍습인 할례와 율법 그리고 예루살렘에 가서 행하는 대속적인 번제행위를 행하고 따르고 살아야 하는 고충을 외면할 수 없었을 것이에요. 사실 디아스포라의 진보적인 젊은 세대 중에서는 그런 행위를 단순히 종교적 의례로 보는 시각이 있었을 테고요. 바울 자신도 자기의 소원대로 이스라엘의 유대교에 입교한 이방인들에게 유대교의 제의식과 전통을 요구한다는 것이 얼마나 무용한 일인가를 점점 느끼고 있었던 것 같아요. 유대교로 개종하려는 이방인들에게 이 전통들은 참으로 거침돌이 된다는 것을 깨달은 것이지요. 그런 고민 중에 있었던 바울이 수리아 지역에 있는 예수님의 추종자들이 모인 모임에서 바울이 열망하던 것을 발견하게 된 것 같아요. 바울이 적극적으로 핍박한 예수님의 제자 공동체(Jesus movement)는 십자가에서 죽은 예수님의 이름으로 모여 헬라인들과 히브리인들이 서로 구별 없이 합심하여 이스라엘의 하나님을 예배하고 함께 식사를 하는 것이었지요.

"너희는 유대인이나 헬라인이나 종이나 자유자나 남자나 여자 할 것 없이 다 그리스도 예수 안에서 하나이니라" (갈 3:28)

바울의 표현대로 이스라엘의 12지파들이 밤낮으로 율법을 외우며, 베끼며, 행하고, 성전을 온갖 보석으로 치장하고, 동물의 대속적인 제사에 열심을 내며, 열망하면서, 기다리면 이루어지리라 믿었던 것 즉 온 민족이 이스라엘의 하나님의 가족이 되는 것이 오직 예수님의 이름으로만 이루어지는 걸 보았던 것이지요.

바울은 유대교를 믿는 유대인들을 성도, 성민들이라고 칭하고 있어요. 바울은 이방인들도 성도가 되게 하고 싶었던 것이지요. 그의 비전이에요. 이방인이 하나님의 성도가 되는 것 말이에요. 그는 이방인들이 성도가 되는 것에 걸림돌이 되는 것을 예수라는 이름이 제거할 수 있는 것을 보았던 것입니다. 곧 예수의 죽음이 곧 할례와 피 흘림의 속죄제를 대신할 수 있지 않은가 하고 생각했던 것이지요. 그는 이 상관관계를 연구하기 위해 생전에 육신의 예수님을 따르던 사도들과 의논하지 않았지요. 바울이 해결하고 싶은 것은 그 걸림돌을 손상 없이 해결하는 거였거든요. 율법의 요구를 충분히 이행하면서 이방인을 거기서부터 자유하게 하는 방식 말이에요.

그는 결국 14년 만에 완성한 대속교리를 들고 예루살렘에 올라와 회의를 하게 됩니다. 아라비아에서 연구하고 완성한 예수님의 대속의 이론을 갖고 온 것이지요. 이방인들의 여러 문화를 아우르면서도 유대교의 율법의 요구를 이행할 수 있는 유일한 대안이었던 것이에요. 이 대안을 바울은 비밀이라고도, 직통계시라고도 말하며, 복음이라고도 말해요. 이것에 벗어난 주장들을 강력하게 저주합니다. 새로운 유다이즘을 꿈꾸는 바울에게 율법의 요구는 반드시 이행되어야 했기 때문이지요. 유대인들을 위해서는 동물이 희생의 제물이 되었지만, 이방인들을 위해서는 예수님이 희생의 제물이 돼야 하기 때문이에요. 이 이론은 동시에 유대인들에게도 설명할 수 있는 이론이었는데, 곧 이스라엘이 고대하는 메시아가 어떻게 그렇게 처참한 고통으로 십자가에서 죽을 수가 있는 것인가에 대한 해답이 되는 것이었습니다. 다음 성경 구절들을 참조하면 이해가 될 것입니다.

> "그 아들을 이방에 전하기 위하여 그를 내 속에 나타내시기를 기뻐하실 때에 내가 곧 혈육과 의논하지 아니하고 또 나보다 먼저 사도 된 자들을 만나려고 예루살렘으로 가지 아니하고 오직 아라비아로 갔다가 다시 다메섹으로 갔노라…. 십사 년 후에 내가 바나바와 함께 디도를 데리고 다시 예루살렘에 올라갔노니 계시를 인하여 올라가 내가 이방 가운데서 전파하는 복음을 저희에게 제출하되 유명한 자에게 사사로이 한 것은 내가 달음질 하는 것이나 달음질한 것이 헛되지 않게 하려 함이라"(갈 1:16-2:2)

> "다른 복음은 없나니 다만 어떤 사람들이 너희를 요란케 하여 그리스도의 복음을 변하려 함이라 그러나 우리나 혹 하늘로부터 온 천사라도 우리가 너희에게 전한 복음 외에 다른 복음을 전하면 저주를 받을찌어다 우리가 전에 말하였거니와 내가 지금 다시 말하노니 만일 누구든지 너희의 받은 것 외에 다른 복음을 전하면 저주를 받을찌어다"(갈 1:7-9)

곧 십자가 대속제사를 믿음으로 치르는 이방인들도 같은 유대인이 된다고 말하는 겁니다. 바울이 꿈꾸는 하나님의 가족화란 결국 따지고 보면 이방인들로 하여금 유대인이 되게 하는 것이나 마찬가지예요. 유대인들과 이방인들과의 화평을 말하고 있으나, 마치 흡수통일과 같은 원리이지요.

"그 때에 너희는 그리스도 밖에 있었고 이스라엘 나라 밖의 사람이라 약속의 언약들에 대하여 외인이요 세상에서 소망이 없고 하나님도 없는 자이더니 이제는 전에 멀리 있던 너희가 그리스도 예수 그리스도의 피로 가까워졌느니라"(엡 2:12-13)

"그는 우리의 화평이신지라 둘(유대인과 이방인)로 하나를 만드사 중간에 막힌 담을 허시고 원수 된 것 곧 의문에 속한 계명의 율법을 자기 육체로 폐하셨으니 이는 둘로 자기의 안에서 한 새 사람(대속의 그리스도)을 지어 화평하게 하시고 또 십자가로 이 둘을 한 몸으로 하나님과 화목하게 하려 하심이라 원수 된 것을 십자가로 소멸하시고"(엡2:14-16)

"이는 저로 말미암아 우리 둘이 한 성령 안에서 아버지께 나아감을 얻게 하려 하심이라. 그러므로 이제부터 너희가 외인도 아니요 손도 아니요 오직 성도들(유대인들)과 동인한 시민이요 하나님의 권속이라"(엡2:18-19)

"그가 찔림은 우리의 허물을 인함이요 그가 상함은 우리의 죄악을 인함이라 그가 징계를 받음으로 우리가 평화를 누리고 그가 채찍에 맞음으로 우리가 나음을 입었도다"(사 53:5)

   이사야서 53장의 고난 받는 종과 예수님의 처참한 십자가 죽음과의 탁월한 연관이지요. 아마 그 순간 온몸이 감전된 느낌을 받았을 거예요. 바울의 회심이란 유대교를 버리는 것이 아니었어요. 하나님의 백성이 되는 방법의 전환이었지요. 특히 이방인들에게 적용되는 것이었구요. 바울의 고민이 그랬듯이 그 방법의 전환은 어쩔 수 없는 시대의 요청이었고 오히려 바울의 비전의 엄청난 확장을 가져다줄 것임이 틀림없었어요. 드디어 바울의 고민은 예수님의 십자가에서 해결이 된 것이에요. 이방인들이 유대교로 들어오는 새로운 방법이 생겨 난 것입니다. 드디어 바울의 꿈은 예수님의 십자가에서 해결이 된 것이에요. 바울의 꿈은 세상의 변화에 대응하는 신유대주의(Neo-Judaism)였으니까요. 그 방법은 율법의 요구를 충분히 이행한 십자가의 대속이고요, 율법적 행함을 십자가 믿음으로 대신하는 것입니다. 곧 유대종교적 율법의 행함에서 자유랍니다. 후에 바울은 이렇게 말하지요.

> "사람이 의롭게 되는 것은 율법의 행위로 말미암음이 아니요 오직 예수 그리스도를 믿음으로 말미암는 줄 알므로"(갈 2:16)

> "그리스도께서 우리로 자유케 하려고 자유를 주셨으니 그러므로 굳세게 서서 다시는 종의 멍에를 메지 말라"(갈 5:1)

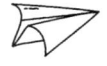

여섯 번째 메일

은유(metaphor)와 사실(fact)은 달라요

집사님 감사해요. 지루한 신학적인 설명에도 기꺼이 읽어 주시는 것을 보니 집사님의 고민이 한낱 개인적이고 이기적인 몸부림이 아닌 것을 알게 되어 힘이 생깁니다. 우리의 고민이 그런 한계를 넘어 진정으로 갈릴리의 예수님의 하나님 나라를 이 땅에 실현하려고 하는 염원 내지는 사명으로 승화하려면 필연코 이런 객관적이고 학문적인 해명을 내놓아야만 하니까요. 그렇지 않으면,(나도 은유적으로 말하겠는데요) 갈릴리의 예수님은 부활하지도 않은 채 십자가에 매달려 천년만년 피만 흘리고 있을 테니까요. 그분의 두 손은 머리 위로 묶여 못 박힌 채, 두 발도 묶여 못이 박힌 채, 그리고 창에 찔린 옆구리에서는 멈출 줄 모르는 피가 흐르는 채로 그렇게 말이에요. 이제 때가 왔어요. 그분이 돌아가신 지 이 천여 년이 됐어요. 그분을 십자가에서 내려놓아야 해요. 손과 발을 자유롭게 해야 해요. 그때 그 역사의 한 정점에서 생전에 그랬던 것처럼 이 세상을 그분의 세상으로 다시 사시도록 해야 해요. 하나님의 나라를, 그분과 우리 아버지의 나라를요.

바울의 예수님에 대한 탁월한 대속신학은 이런 과정을 거치지요. 회심한 바울은 곧 몇 가지 문제를 해결하지 않으면 안 되었어요. 첫째는 교회 내에서 일어난 의문이었어요. 예수님은 이스라엘이 기다리던 메시아인가? 그렇다면 어떻게 메시아가 고난을 받고 죽을 수 있는가? 하는 것이에요. 둘째는 유대교의 반발이었어요. 이방인을 포함하여 자국민까지 할례는 물론 예루살렘 성전의 동물의 희생제 없이도 하나님의 백성이 될 수 있다는 것을 설명해야 했지요. 이 두 가지에 대한 바울의 해명과 변명이 곧 바울의 신학이 된 것이에요. 갈릴리 예수님의 인물(personality)을 고난받는 메시아 상으로 그려낸 것이지요. 이사야 53장을 근거로 말이에요.

"그가 찔림은 우리의 허물을 인함이요 그가 상함은 우리의 죄악을 인함이라 그가 징계를 받음으로 우리가 평화를 누리고 그가 채찍에 맞음으로 우리가 나음을 입었도다"(사 53:5)

그런데 전번 메일에 잠깐 비쳤지만, 바울 자신도 고난받는 메시아로서의 예수님의 이미지와 실제의 갈릴리 예수님과 구별하고 있는 것을 볼 수 있어요. 에베소서 2장 14절에서 16절을 자세히 읽어 보면, '새 사람'이라는 단어가 나옵니다. 유대인과 이방인을 동시에 아우르는 인물로 등장을 합니다. 바울이 고안해 낸 인물인데, 전 세계 사람들을 위한 대속제물로서 예수 그리스도를 말하고 있어요. 그 구절을 한 번 더 인용을 하겠습니다.

"그는 우리의 화평이신지라 둘(유대인과 이방인)로 하나를 만드사 중간에 막힌 담을 허시고 원수 된 것 곧 의문에 속한 계명의 율법을 자기 육체로 폐하셨으니 이는 둘로 자기의 안에서 한 새 사람(대속의 그리스도)을 지어 화평하게 하시고 또 십자가로 이 둘을 한 몸으로 하나님과 화목하게 하려 하심이라 원수 된 것을 십자가로 소멸하시고"(엡 2:14-16)

누가 뭐래도 바울이 고안해 낸 예수님의 고난받는 메시아 상은 이 두 가지 난제를 동시에 충족시켜 줄 수 있는 탁월한 신학적인 업적입니다. 첫째, 예수님의 제자 공동체에게는 메시아가 고난받고 죽을 수밖에 없었다는 것을, 둘째 유대교에게는 예수님이 십자가에 달린 것은 바로 단번에 영원히 드려진 속죄 제물이었다는 것을 설명한 것이지요. 그것을 날마다 믿음으로 고백하면 그 제사에 참여하는 것이라고 말해 준 것이었지요. 그리고 그것은 이방인들에겐 하나님의 은혜이고 선물이라고 했지요. 오직 여기서만, 오직 이 자리에서만, 오직 십자가에서만, 비로소 유대인과 이방인이 하나가 될 수 있다고 역설한 것이지요. 팔레스타인의 세계는 어쩔 수 없이 변화하고 넓어지고 있었지요. 이제는 더 이상 유대주의와 서로 부딪히는 문화를 부정을 하려고해야 부정할 수 없는 시대가 왔거든요. 이런 시대적 상황에서 유다이즘의 정체성을 잃지 않을 뿐만 아니라 그 문화들을 흡수 통합할 수 있는 방식이 바로 예수님의 십자가 대속론인 거예요. 누구든지 그저 그 십자가를 바라만 보고 믿기만 하면 그 속죄의 효력이 발생된다는 거죠.

> "너희가 그 은혜를 인하여 믿음으로 말미암아 구원을 얻었나니 이것이 너희에게서 난 것이 아니요 하나님의 선물이라"(갈 2:8)

집사님, 정직하게 말해봅시다. 갈릴리 예수님이 당한 죽음의 진실은 무엇인가요? 이스라엘 민족에만 계시는 하나님이 아니라 세상 사람 모두의 아버지이라고 말하면서 창기, 세리, 죄인 할 것 없이 다 한 형제라고 말하다가 유대교 근본주의자들에게 원한을 사고 사형권한을 가진 로마에 의해서 사형당한 것이 아닌가요? 그렇지만 바울이 유대인들을 포함한 전 세계인을 하나님의 가족으로 껴안기 위해서 한시적이고 민족적으로 국한된 유대교적인 동물의 피의 대속제를 예수님의 십자가 죽음에다 이입한 것은 충분히 있을 수 있는 은유 혹은 알레고리(allegory)였습니다. 어떤 사실에서 유추해 낼 수 있는 확장된 의미는 얼마든지 있을 수 있고, 종종 그 확장된 의미는 그것의 본래의 자리인 사실을 능가하거나 아니면 그것과 무관한 위력을 갖기도 하지요. 부여된 의미가 사실화되어 본래의 자리인 사실과 마찰을 일으키기도 하고 통합되기도 하지만 어떤 때는 굴러 온 돌이 박힌 돌을 밀어내기도 하지요.

바울은 십자가 대속론을 확장된 의미로만은 말하지 않았어요. 알레고리를 사실만큼의 위력을 발휘하도록 오도한 주장인데, 십자가를 그저 바라만 보고 믿기만 하면 대속의 효력이 발생한다는 것이지요. 어떤 효력이냐고요? 상상해 봐요. 이스라엘 백성들이 자기를 위한 희생양을 잡으면서 경험했던 것을요. 자기의 지은 죄가 완전히 소멸된다는 희열로 부르르 떨기도 했을 그 엑스타시를요. 바울은 모든 세계인들이 예수님의 십자가 앞에서 그러기를 바라지 않았을까요? 그저 바라만 보고 믿기만 하면 그런 효력이 발생한다고 주장하는 바울은 그런 면에서 신비주의자가 아니었을까요. 바울 본인도 자기의 깨달음이 비밀이고, 신비이며, 계시라고 자주 말하고 있기도 하고요.

결국 유대민족이 아닌 우리 이방인들까지 대속을 위한 동물의 제사에 참여해야만 하는 유대교의 율법 속으로 들어오게 된 것인데, 바울의 아주 심각한 고민인 유대인들에게 유대교의 동물의 속죄 제사와 율법 없이 이방인들이 하나님의 자녀가 되는 걸 이해시키려는 고육지책에서 나온 탁월한 연구에서 기인된 것입니다. 그러나 바울의 고민이 어느 정도였던지 간에 유대인들과 이방인들을 동시에 만족시키는 예수님의 대속의 피 흘림의 이론은 결국 유대교를 넘어서지 못한 오히려 유대교의 세계화, 세계화된 유대교라고 말해도 될 것입니다.(저는 이 현상을 Neo-Judaism이라고 말합니다.) 이런 면에서 바울의 신유대주의 비전과 예수님의 하나님 나라의 비전은 많이 다르게 된 것입니다. 갈릴리의 예수님은 전혀 바울과 같은 용어를 사용하지 않았습니다. 아버지의 자녀가 되는 조건으로 아버지의 뜻대로 행하는 것이라고 말하고 있어요. 마태, 마가, 누가는 모두 그렇게 말하고 있습니다.

"누구든지 하늘에 계신 내 아버지의 뜻대로 하는 자가 내 형제요 자매요 모친이니라 하시더니"(마 12:50/막 3:31/눅 8:19-21)

집사님, 만약 바울이 그토록 유대주의를 세계화하려고 열망하지 않았더라면 우리 기독교의 방향은 달랐으리라고 생각됩니다. 유대교에 대한 그의 열심과 고민은 예수님의 죽음을 왜곡시키는 결과를 초래하고야 말았거든요. 바울의 이 열심이 예수님의 죽음을 알레고리로 설명한 것이지만 바울 자신도 그 알레고리가 사실(fact)의 자리를 차고앉을 줄은 꿈에도 생각 못했을 겁니다. 바울의 유대교적 범주가 그런 알레고리를 낳았던 것일 뿐입니다. 전통에 대한 준수 여부와 아니면 완화를 할 것인가, 절충을 할 것인가 아니면 폐기해야 할 것인가에 대한 이슈는 바울을 포함한 유대인들에게만 심각한 문제였거든요. 그 전통에 속해 있지 않는 우리 이방인들에게는 아무 의미가 없는 거예요. 그러니 그런 이슈는 유대인들에게만 설명하고 변명하고 설득할 문제였지요.

"유대인에게는 거리끼는 것이요 이방인에는 미련한 것이로되"(고전 1:23).

바울이 채택한 용어들은 모두 유대인들만 들어서 알 수 있는 전통 용어와 제사용어 그리고 유대 종교적 용어였어요. 예수님의 죽음을 〈피 흘림〉으로 표현하는 것도 동물의 피 속죄제의 이미지를 부각시키는 제사 용어이거든요.

바울도 간접적으로라도 예수님의 생애와 가르침이 유대종교의 경계를 넘어 우주적인 것이었다는 것을 알고 있었을 것입니다. 그래서 자기도 그랬듯이 바리새인들과 율법학자들과 서기관들 그리고 정치인들인 헤롯당들이 예수님이 모세의 법을 파기하는 자라고 반응했다는 것을 알았을 것이고, 예수님이 죽은 이유도 그것 때문이었다는 것도 알고 있었을 것이기 때문이지요. 이런 바울은 얼마든지 예수님의 죽음을 일컬어 율법의 모든 것을 다 이룬 - 율법이 저주하는 것을 다 가지고 간 - 대속적인 가치를 가진 것으로 말 할 수 있었을 겁니다. 그러나 그것은 어디까지나 사실적인 사건이 아닌 은유적 혹은 알레고리적 해석이지요. 율법과 피의 제사를 피하면서 동시에 합법적으로 이루는 방법에 몰두에 있는 바울에게 예수님의 죽음의 의미는 속죄 - 그것 이상 아무것도 아니었어요. 그러니 바울은 예수님이 생전에 했던 가르침이나 비전을 정확하게 알 수도 없었으려니와 알려고도 하지 않았지요.

> "그러므로 우리가 이제부터는 아무 사람도 육체대로 알지 아니하노라 비록 우리가 그리스도도 육체대로 알았으나 이제부터는 이같이 알지 아니하노라"(고후 5:16).

바울이 관심한 것은 '피 흘림'뿐이었어요. 예수님의 죽음을 피.흘.림으로 말하다니요! 바울이 그토록 예수님의 '피 흘림'이 필요했던 것은 제사 종교의 전통을 폐기하고 싶지 않았기 때문이지요. 폐기가 아니라 완결이었다고나 할까요? 이방인들에게 걸림돌이 되지 않도록 영원히, 그리고 디아스포라의 유대인들이 예루살렘으로 매번 가야 하는 번거로움을 해소하기 위해서 단번에 완성한 것이 된 거예요.

> "...백성의 죄를 위하여 날마다 제사 드리는 것과 같이 할 필요가 없으니 이는 저가 단번에 자기를 드려 이루셨음이니라"(히 7:27)

이 말은 예수님이 흘리는 피를 희생양이 속죄를 대신하기 위해서 잡혀 죽을 때 흘리는 피라고만 믿기만 하면 누구라도 유대종교로 개종할 수가 있다는 것이지요. 바울은 유대교를 떠난 것이 아니라 유대교를 세계화하였던 것이에요. 바울의 십자가의 대속론은 시대의 변화에 적극적이고 긍정적으로 대응한 신유대주의의 방법론이었어요. 은유라는 문학적 방법과 신비라는 종교심이 자아낸 새로운 방법론이었지요.

> "또 하나님이 이방을 믿음으로 말미암아 의로 정하실 것을 성경이 미리 알고 먼저 아브라함에게 복음을 전하되 모든 이방이 너를 인하여 복을 받으리라 하였으니"(갈 3:8)

> "그리스도께서 우리를 위하여 저주를 받은바 되사 율법의 저주에서 우리를 속량하셨으니 기록된바 나무에 달린 자마다 저주 아래 있는 자라 하였음이라 이는 그리스도 예수 안에서 아브라함의 복이 이방인에게 미치게 하고 또 우리로 하여금 믿음으로 말미암아 성령의 약속을 받게 함이니라"(갈 3:13-14)

집사님, 그런데 문제는 바울이 자기의 열망과 고민을 알레고리로 사유한 것을 기독교가 사실적인 사건으로 믿고 있다는데 있어요. 근데 알레고리가 사실이 된 데는 기독교의 역사와 긴밀한 관련이 있지요. 앞으로 보낼 메일에서 꼭 다루게 될 것입니다만, 알레고리나 은유적 사유는 사실이 아니에요. 바울도 그것을 영적 깨달음이라고 말하고 있지 사실이라고 말하지는 않아요. 그렇게 해석을 했다는 말입니다. 실제적으로 일어난 사건은 아닌 거지요. 알레고리나 은유로 유추한 것을 실제 일어난 사실로 믿는다면 웃지 못할 해프닝이지요. 본래의 사실은 약화되고 깨달은 의미가 역사적 사실이 되었으니 말이에요. 이로써 기독교는 갈릴리 예수님의 것을 실상은 잃어버리게 된 것이지요. 다음은 유치환의 시 〈깃발〉의 일부예요.

> 이것은 소리 없는 아우성
> 저 푸른 해원을 향하여 흔드는
> 영원한 노스텔지어의 손수건

실제로 깃발이 흔들린 진실은 무엇인가요? 바람 때문인가요 아니면 슬픔 때문인가요? 깃발을 나부끼게 한 것은 바람이지요. 그렇지만 그것을 누가 보느냐에 따라 얼마든지 여러 가지 은유적인 해석이 나올 수 있고, 많은 의미가 부여될 수 있을 것입니다. 이 시인은 향수에 젖어 있었나 봅니다. 깃발이 그만 손수건이 되었네요. 깃발이 손수건이 되고, 바람에 심하게 나부끼는 모습이 소리 없는 아우성이 된 것은 은유로 표현된 시인의 마음이지요. 집사님, 문제는 유치환의 이 시를 가슴이 저리도록 읽은 나는 그 이후로 바람에 나부끼는 깃발만 보면 깃발로 보이지 않고 손수건으로 보인다는 겁니다. 게다가 다른 감흥과 감정을 유추해 낼 수도 없게 되더라고요. 이미 은유가 사실을 능가하게 된 것이지요.

 마찬가지로 예수님의 죽음의 진실은 무엇이었을까요? 처형당한 것인가요 아니면 속죄물이었나요? 죽음의 진실은 반드시 밝혀야 합니다. 그것은 기독교의 방향을 결정하는 엄청난 결과를 가지고 오기 때문이지요. 전자는 갈릴리의 지상의 예수님에게 초점을 두는 일이고 후자는 바울이 말한 대속물이 되는 그 새 사람(엡 2:14-16)인 신비의 예수님에게 초점을 두는 일이지요. 전자는 예수님의 삶에 초점을 두게 되어 기독교는 예수님을 따르는 일에 역점을 두고 나갈 것이지만 후자는 예수의 죽음에 초점을 두게 되어 기독교는 그렇다는 것을 믿는 일에만 역점을 두고 나가게 될 것입니다. 그 진실을 어디에다 두느냐에 따라 기독교의 운명은 갈립니다. 예수님의 죽음의 진실은 예수님이 누구였고 또 누구인가를 결정하기 때문이지요.

 예수님이 유대교와 유대민족을 뛰어넘어, 세계가 함께 공존, 상생, 공영하는 하나님 나라를 세상에서 펼치며 살려다가, 유대교 종교 지도자들을 위시한 이스라엘 자국 민족의 반감 때문에 처형당한 것이라면 예수님은 우리에게 하나님 나라를 실현하도록 온 자일 것입니다. 그리고 기독교의 방향과 목적은 그 삶을 따르는 일이 될 것이고요.

 그런데 속죄의 제물로 죽은 것이라면 예수님은 유대교의 율법의 요구를 이행하기 위해서 온 자일 것입니다. 바울이 세계에 내어 놓은 유다이즘으로 불러들이는 초대장이었지요. 세계적인 유다이즘이 되기 위한 바울의 해법이었다는 말입니다. 본래 할례나 속죄의 제사나 안식일 준수는 이스라엘 민족에게만 국한된 민족적인 규율이며 전통이었지요.(동물의 희생적인 피의 제사는 당시 근동 지방에서는 흔한 풍요와 재해 예방을 위한 주술적 행위였다) 그러나 시대는 변했어요. 섞여 사는 타 문화권의 사람들에게는 도무지 이해가 되지 않는 타민족의 구식 전통이 되어 버리게 되었어요. 이런 상황에서 유다이즘의 세계화를 꿈꾸던 바울은 여러 문화권에서도 이해될 수 있는 해법을 찾은 거에요. 모든 세계인을 위해 혹은 디아스포라의 유대인들에게 시대에 맞도록 단번에, 그리고 영원히 드려질 속죄의 제물 말입니다.

실제로 따지면 결과적으로 바울은 이방인들로 하여금 억지로 유대의 할례나, 속죄제를 드리도록 하는 것입니다. 믿음이라는 방식으로 말입니다. 그렇다하는 그 예수(새 사람;엡 2:14-16)를 믿는 것이 곧 율법을 이행한 걸로 간주되는 것이니까요. 이때 기독교의 방향과 목적은 그런 예수님을 오로지 신앙하는 일이 될 것입니다. 이런 기독교는 예수님을 따르는 것에는 별로 관심이 없게 되지요. 믿는 것이 할례를 받고 속죄제를 드리는 행위라고 인정을 받으면 새 이스라엘이 되는 것이니까요. 생각해 봅시다. 열방이 하나님의 자녀가 되는 방식으로 예수님이 대속제를 요구했다는 말인가요. 그 예수님은 그저 피를 흘리기 위해서 왔다는 말인가요. 그렇다면 그런 기독교는 바울이 꿈꾸던 새로운 유대교일 뿐이고, 그가 말하는 새 이스라엘은 새 유대주의가 됩니다. 그 후 기독교는 바울의 예수님 대속론을 문자로 받아들이고 교리로 정형화했으니 참으로 기독교와 예수님의 하나님 나라와는 많이 다른 것이 되고 만 것입니다.

우리가 바울의 대속론을 알레고리로 읽지 않고 사실적인 사건으로 읽는다면 바울은 예수님의 비전을 오도한 자가 되어 버립니다. 바울은 바울일 뿐이에요. 바울이 예수님이 될 필요가 없지요. 바울뿐 아니라 누구든지 예수님의 삶과 죽음에 대해서 자기들의 경험을 토대로 이래저래 이야기할 수 있으니까요. 그렇다고 그것들이 사실(fact)은 아니지요. 그런 것들을 마치 사실이나 진리로 말한다면 그때부터는 갈릴리의 예수님과는 무관한 형태의 기독교가 발전되는 것입니다. 수많은 이단들이 다 그렇게 해서 생겨난 것이고요. 교주들이 주장하고 강요하는 것은 자기의 알레고리나 은유적 해석을 교리로 삼고 절대 불변의 진리로 신앙하라는 것이거든요.

 우리가 바울의 대속론을 은유와 상징, 알레고리로 받아들이지 않으면 바울로 하여금 신유대교의 교주로 만들어 버리는 것입니다. 사실 바울도 그런 위험 요소를 갖고 있기는 했어요. 자기의 깨달음을 받아들이지 않는 자들을 향하여 저주를 아끼지 않았으니까요. 그러나 그것이 이스라엘의 울타리를 넘으려는 바울의 열망 때문이었다고 한다면 얼마든지 대속론을 이해할 수가 있게 되지요. 아무튼 바울도 세계인을 하나님의 약속의 자녀로 끌어들이려고 했기 때문이니까요. 다만 우리들이 바울이 그렇게 할 수밖에 없었던 처지를 알기만 한다면, 그의 고육지책을 이해한다면 그의 대속론과 예수님의 하나님 나라가 신약성서에 함께 동거하는 것이 그리 어색하지는 않을 것입니다.

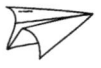

일곱 번째 메일

하나님 나라와 기독교는 달라요

집사님, 메일이 늦었습니다. 몇 번이고 컴퓨터를 켰다가 껐는지 모릅니다. 세상이 거세게 요구하는 것에 귀와 코와 입을 막을 자신이 없어지는 거였어요. 얼마 전 너무 힘들게 사는 어떤 집사님에게 또 인생의 거센 파도가 덮쳤다는 소식을 들었어요. 십여 년을 알콜 중독으로 피를 토하며 동네를 헤집고 다니는 남편을 여의고 가난을 견디고 있는 집사님이에요. 그런데 아들이 수술하게 되었어요. 수백만 원이 들어야 할 처지에 놓이게 된 것이지요. 그날 밤에 이렇게 문자가 왔어요. 매일 새벽에 데리러 가는 나에게 다음 날 새벽에 오지 말라고 말하려는 거였을 거예요.

〈내일은 쉴게요. 수술 없이 퇴원해 너무 고마웠는데, 오늘 결과 후 병원에 오라고 해서 사진 찍어 본 결과 수술을 해야 한다네요. 어떻게 이런 일이 있을 수 있는지. 간신히 목구멍에 풀칠하고 사는데 이런 청천벽력 같은 일이 있을까요.〉

그 집사님은 그 후 지금까지 새벽기도를 쉬고 있어요. 집사님, 난 무엇을 어떻게 써야할 지를 모르겠더라고요. 막상 억장이 무너지는 고통이 덮칠 때 오히려 멈춰지는 기도는 무슨 기도일까요? 문자도 하고 전화도 여러 번 했지만, 연락이 없어요. 내가 위로한다고 쏟아 낼 뻔한 말들에 서글퍼집니다.

위로한답시고 성경 구절을 찾아 억지로 해석해 내야 했을 내 처지가 불쌍해져요. 도망하고 싶어요. 집사님, 허탈해요. 입이 꽉 막혀요. 우리는 이때까지 무엇을 믿고, 무엇을 찬양하고, 무엇을 기도하고, 무엇을 감사하고, 무엇을 소망하고 있었는지요. 우리의 기도가 힘찰 땐 무엇 때문에 그런지, 우리의 기도가 힘이 없을 땐 무엇 때문에 그런지요. 과연 우리의 신앙생활은 무엇으로 영위되고 있는지, 우리가 감사할 때는 무엇 때문에 감사를 하는지, 우리가 우울하고 지치고 절망할 때는 무엇 때문에 그런지요. 무엇이 기쁘고 무엇이 슬픈 것인지요. 난 도무지 일곱 번째 메일을 쓸 수가 없었어요. 그 집사님에게는 공허하게 들릴 그리스도 예수님에게서 나와 갈릴리 예수님을 따라나서자고 할 용기가 없습니다.

집사님, 오랜 고민과 방황 가운데서 오늘 메일을 다시 쓸 수 있는 이야기를 하나 듣게 되었어요. 내가 아는 어느 권사님은 판교의 한 아파트에 있는 경로당의 총무예요. 이화여대를 나온 엘리트예요. 그런데 이상하게도 경로당 회원의 90%가 기독교인데, 거기에 걸맞지 않게 불화와 암투가 벌어지고 있대요. 회장이 기독교도인 남자인데, 여자 회원한테 성희롱과 성적인 비하 발언을 했다는 이유로 회장직이 박탈당했대요. 그래서 보궐 선거를 하기로 했대요. 어떤 남자가 다수의 찬성으로 추천되었는데, 그분은 그 동네에 산 지는 오래되었는데 주민등록상에는 두 달밖에 안 된 걸로 되어 있대요. 회장은 2년 이상 거주자만 자격이 있다는 걸 모두 몰랐대요. 그런데 나중에 알고 보니 회장은 그 법을 알고 있었더라나요. 추천된 사람이 자격 미달자인 걸 알자 회장이 꼼수를 부렸어요.

어떤 꼼수냐 하면, 그 사람이 당선된다 한들 결국 무효가 될 것이고, 그렇게 되면 탈락자가 저절로 당선되니까, 회원 중에서 기독교도이면서 경로당에서 가장 악명 높고 존경 못 받는 여자를 직접 추천을 한 거예요. 그 여자는 엄청 큰 교회의 권사인데, 질투의 대상이 되는 사람들에게 혐오스러운 별명을 짓는가 하면, 여자 회원들을 일컬을 때 의례 상스러운 호칭을 곁들여 말을 한답니다. 제가 아는 그 권사님한테는 지가 이대를 나왔는지 삼대를 나왔는지 어떻게 아느냐고 떠들고 다니더니 말 대가리같이 생긴 X이라고 대놓고 말하더래요. 보다 못한 여자 회원들이 그 권사가 다니는 교회에 가서 왜 그런 사람을 권사 시켰냐고 농성하고 싶다고 그랬대요.

    낙선될 게 뻔한 사람을 회장으로 추천해 놓고는 자격 미달인 그 사람을 대기시켜 놓은 회장의 꼼수는 경로당 전체를 망가뜨리고 골탕 먹이려는 작전인 거지요. 이런 기밀을 알게 된 총무인 지인 권사님이 성남시 총회장에게 알아보았는데, 그런 경우 회원의 삼분의 이 이상의 동의만 받으면 거주 기간에 상관없이 회장에 선출될 수 있더래요. 이제 볼만한 광경이 펼쳐질 거라고 하면서 하는 말이, 그런데 안타까운 건 이런 경로당 풍경을 보면서 교회 나간 지 한 육 개월 된 사람이 그만 교회를 나가지 않는다고 하더라고요. 일이 해결되는 양상을 보고 다시 다닐지 말지를 결정하겠다고 하더래요. 평생 젊은 날부터 믿어 왔던 사람들이 노년에 결성한 커뮤니티에서 벌어지는 풍경이랍니다. 집사님.

    사실 이런 현상이 그 경로당뿐이겠어요? 비일비재합니다. 듣기도 식상한 일들일 거예요. 밤에 밖을 내다보면 하늘의 별보다 더 많게 십자가 불이 반짝이는데 왜 이런 현상들이 사회에 만연된 걸까요? 이유는 말할 것도 없이 분명합니다. 그런 사람들은 기독교도들이기는 하지만 하나님 나라의 백성이라고는 말할 수 없다는 거지요. 착각은 여기에서 빚어집니다. 기독교도들이 곧 하나님 나라의 백성이라고 생각하는 것 말이에요. 아니에요. 반드시 정비례할 수 없습니다. 왜냐하면 기독교도들의 훈련과 하나님 나라 백성의 훈련은 같지 않기 때문이지요. 세례 요한은 유대교도들의 훈련과 하나님 나라 백성의 훈련이 다르다는 것을 일찌감치 말하고 있더라고요. 자기는 유대 교도들의 훈련을 맡았던 사람으로, 예수님은 하나님 나라 백성의 훈련을 맡은 사람으로 말하고 있어요.

> "그가 전파하여 가로되 나보다 능력 많으신 이가 내 뒤에 오시나니 나는 굽혀 그의 신들메를 풀기도 감당치 못하겠노라 나는 너희에게 물로 세례를 주거니와 그는 성령으로 너희에게 세례를 주시리라"(막 1:7-8)

마가는 그런 예수님을 하나님의 아들로 말하고 있습니다. 하늘에서 소리가 나서 그렇게 인정하는 것으로서 말입니다. 그리고 그렇게 해서 펼쳐지는 예수님의 나라를 하나님 나라라고 일컬었습니다.

> "하늘로서 소리가 나기를 너는 내 사랑하는 아들이라 내가 너를 기뻐하노라 하시니라"(막 1:11)

> "가라사대 때가 찼고 하나님 나라가 가까웠으니 회개하고 복음을 믿으라 하시니라"(막 1:15)

자, 집사님, 그러면 예수님의 성령세례는 무엇일까요? 요한복음은 거듭남이라고 다시 태어나는 것이라고 말하고 있습니다. 세례 요한의 표현대로 말하면 이것은 날마다 물로 씻어서 깨끗해지는 것 이상을 말하고 있는 것이지요. 씻어 내는 것이 아니라 사는 방식이 완전히 다른 것을 말하는 것이고 그 방식으로 사람이 바뀌는 것, 인격이 변하는 것, 성품이 변하는 것을 말하는 것이에요. 하나님 나라 백성은 그 백성다운 품격(모습)을 갖는 것이지요. 그 품격의 본이 곧 역사의 갈릴리 예수님이고요. 이제 그렇게 사는 훈련은 예수님을 따르는 것으로 시작하는 것이지요. 갈릴리의 그때 그 예수님, 역사의 예수님은 하나님 나라를 시작한 분이시며 종결자이십니다. 하나님 나라의 알파와 오메가이십니다. 예수님의 성령세례란 곧 하나님 나라 백성으로 태어나서 그 백성다운 품격(모습)으로 훈련하는 것을 말하는 것입니다. 갈릴리의 예수님은 자기를 따르라고 말하고 있어요. 이제부터 하나님 나라를 펼친다고 선포하시고(막 1:15절) 바로 갈릴리 해변에 가서서 그 나라의 백성들을 부르기 시작하십니다.(막 1:16절)

"예수께서 가라사대 나를 따라 오너라 내가 너희로 사람을 낚는 어부가 되게 하리라 하시니 곧 그물을 버려두고 좇으니라"(막 2:16-17)

그런데 집사님, 이때 난 주시했습니다. 예수님의 그 다음 행적을 말이에요. 예수님이 해변에서 어부들을 부르고 난 다음에 곧바로 데리고 간 곳이 어디인지 몹시 궁금했어요. 그런데 첫 행선지는 가버나움이었고, 때는 안식일이었고, 회당이었어요. 예수님의 하나님 나라의 모습을 엿 볼 수 있는 행선지였고, 마가는 이때를 겨냥한 것이지요. 안식일을 둘러싸고 유대교도들과 하나님 나라의 개시자인 그 아들 갈릴리의 예수님과 극명하게 대비되도록 말이지요.

예수님이 제자들을 데리고 하나님 나라를 펼치는 모습을 주시하지 않으면 우리는 그 나라가 무엇인지 잘 모르거니와 그 나라 백성이 되는 것이 무엇인지도 모르는 채, 기독교인이라는 명패 하나로 다 된 것으로 착각하게 되는 거예요. 여러 메일을 통하여 예수님의 하나님 나라 모습을 예수님의 가르침과 사역을 가지고 알게 될 것입니다만, 적어도 바울이 은유로 표현한 대속론의 고백으로는 기독교인이 될 수는 있을지언정 예수님의 하나님 나라 백성하고는 거리가 멀 뿐입니다.

바울이 대속이론을 갖고 유대인들과 이방인들을 하나님의 가족으로 통합하려는(앞서도 말했지만, 바울의 고육지책에서 나온 알레고리라고 생각되는) 그 하나님 나라 백성하고 갈릴리 예수님의 하나님 나라 백성하고는 같은 품격, 같은 모습이 될 수가 없는 것이지요. 이때껏 누누이 말했듯이, 바울이 하나님 나라 백성이라고 말하는 것은 유대인의 전통인 할례와 동물의 속죄제를 통하여만 야훼 하나님의 백성이 되었던 것을 예수님의 십자가 죽음이 그것을 대신하였다고 믿고 고백하기만 하면 이방인일지라도 같은 자격을 부여한다는 것을 의미하는 것입니다.

그런데 예수님이 하나님 나라 백성이라고 말하는 것은 바울의 것과는 그 내용이 다릅니다. 예수님이 말하는 그 백성은 세상 누구나가 듣고 보아도 복음이 되는 삶의 태도와 행위를 갖는 자를 말하고 있습니다. 이스라엘 백성에게만 적용되었던 유대교 율법이나, 할례나, 속죄제와 무관하게(예수님은 그 모든 유대적인 것들을 파기하는 것이 아니고 완성하는 것이라고 말하였습니다.) 세계 모든 사람이 평등하게 공존과 상생과 공영하는 가치관과 비전을 품고 그런 방식으로 사는 사람들을 말하고 있는 것입니다.

존 셸비 스퐁은 이방인들에게(대속 이론을 통과하지 않고) 예수님은 종족의 경계를 무너뜨린 분, 편견과 고정관념을 깨버린 분, 종교적 경계를 허물어 버린 분이었다고 말합니다. (The breaker of tribal boundaries, The breaker of prejudice and stereotypes, the breaker of religious boundaries) 그리고 예수님의 십자가는(대속적인 것으로 말하지 않고) 하나님 사랑의 인간 모습(A Human Portrait of the Love of God)이라고 말합니다. 스퐁은 또 이렇게 말합니다. 예수님에게서 만난 하나님은 누구인가?(Who is the God met in Jesus?) 그러니 예수님의 생전의 삶을 외면하고서는 예수님의 하나님 나라 백성이 어떤 사람들인지 알 수가 없는 것입니다. 역사의 한 정점에 살았던 갈릴리의 예수님을 통하여 하나님은 그 사는 방식을 보여 준 것입니다. 생전의 사람 예수님을 외면하고 신앙고백의 신적 그리스도를 숭상하는 것으로는 예수님의 하나님 나라를 알 수도 볼 수도 들어가 그렇게 살 수도 없는 것입니다.

요한복음은 이렇게 말하고 있어요. 예수님은 아버지께로 가는 길이고 진리이고 생명이라고. 만약 기독교가 바울의 알레고리적 표현을 문자적 사실로 달달 외우는 것으로만 기독교인의 지표를 삼는다면, 예수님의 하나님 나라를 이루기는 어려울 것입니다. 그리고 아주 열심히 외우는 자가 그 나라의 참 백성이라는 착각을 금치 못할 것입니다. 하나님은 생전의 예수님에게서만 제대로 보이시니까요.

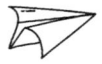

여덟 번째 메일

주기도문과 사도신경은 달라요

구정이 지나니 아직은 겨울이지만 마음은 봄으로 치닫고 있어요. 새해가 되면 늘 그랬듯이 사방 군데서 좀 더 희망을 갖도록 애쓰는 모습들입니다. 우리 하나님 나라 백성들은 갈릴리 예수님을 더 심도 깊게 따르는 일에 매진해야 되겠지요. 우리의 삶이 어찌하든지 간에 하늘 아버지를 우리들의 필요에 이용해 먹지 않는 해가 되었으면 한다는 말이지요. 우리의 기도가 원대로 이루어지지 않고, 우리들의 삶이 절망에 이를지라도 예배와 예수님을 놓지 말아야 될 것이라는 말입니다. 아무리 우리의 처지가 비참해져서 옆을 돌아 볼 겨를이 없을지라도 서로 상생하는 일에 무관심하거나 무능해서는 안 된다는 말이에요. 참 어려운 일이라 예수님도 좁은 길, 십자가의 길이라고 말했지만 그게 당신을 따르는 일이라고 했습니다.

예수님을 따르는 일은 맨정신 갖고는 하기 힘든 여정입니다. 그 일은 기분 좋은 것을 취하기보다는 오히려 의지적인 결단이고 자기 부정이니까요. 머리 둘 곳이 없는 예수님이 뭐 그렇게 좋아서 남녀와 계층과 신분과 빈부와 장유와 전통과 민족과 종교를 뛰어넘는 평등과 자유와 영생의 길을 갔겠어요. 유대교와 이스라엘의 선민의식과 전통에 족쇄가 물려 팔과 다리가 마비된 하늘 아버지를 전 인류의 아버지로 소개하는 일이었고, 모든 세상 사람들을 하늘 아버지의 사랑 앞에 서 있는 자녀가 되게 하는 일이었어요. 하늘 아버지의 자녀로서 우리들이 서로 형제가 되는 일 그것만이 세계가 함께 사는 유일한 방식이었으니까요.

(그런데 집사님 왜 이 말이 그렇게 생소하게 여겨지는 걸까요? 하늘 아버지의 자녀로서 우리들이 서로 형제가 되는 일!)

며칠 전 이천의 한 교회에 갈 일이 있었어요. 어느 교회나 다 그렇듯이 강대 앞 양옆에 배너가 드리워져 있더라고요. 대부분 성경구절이나 목사님의 목회방침이나 그 교회의 목표를 나타내는 표어 같은 것이 적혀있지요. 그런데 이때껏 수많은 교회를 방문했었지만, 그런 표어를 내 건 교회는 처음 봤어요. 대부분의 표어는 교회 부흥이나, 선교 혹은 건축에 관한 것들이었거든요.

"착한 행실로 하늘 아버지께 영광을 돌려라"(마 5:16)

눈에 확 들어왔어요. 하나님께 영광을 돌리는 방식은 바로 착한 행실이라고 외치는 소리가 되어 아주 크게 내 귀를 울리더라고요. 비천하고 가난한 사람이 예수님을 믿고 성공하고 부자가 되는 것만 하나님께 영광을 돌리는 것이라고 믿어왔던 내 가슴이 서늘해지더라고요. 평생 예수님을 믿는데도 부자가 되지 못하고 성공하지도 못하고 불행한 일이 닥치는 사람들은 어쩌란 말입니까? 척박한 환경에 있는 사람들에게 미래에 대한 바라봄의 법칙은 상당한 힘을 발휘하는 것은 사실입니다. 그리고 하늘 아버지의 사랑에 대한 신뢰심으로 절체절명 한 환경에 굴하지 않고 소망을 품고 인내할 수 있는 힘이 신앙의 힘이라는 것도 부정할 수는 없지만, 그러나 그것은 이 세상 모든 것을 잃고도 제일 나중 남을 벌거벗은 인간을 따뜻하게 해 줄 수 있는 유일한 복음은 아닙니다.

아, 이 시골에 빛나는 보석이 하나 있구나 하고 생각했어요. 설교를 듣는 내내 머리가 복잡해지더라고요. 교회 창밖을 내다봤어요. 늘 그렇게 수십 년간 있어 왔을 동네 그리고 그 사람들 또 거기에 그렇게 있어왔을 교인들이 추운 겨울 풍경을 만들고 있었어요. 어떻게 교인들이 저 고답적인 분위기를 흔들 수 있을 것인가? 저 표어대로 살고자 노력하고 훈련할 이 교회 교인들이 과연 있을 것인가? 있다손 치더라도 어떤 방식으로 어떻게 착한 행실을 수행할 수 있을 것인가? 갑자기 당황이 되더라고요. 대 명제 앞에서 너무나도 훈련되지 못한 모습이 보이는 거였어요. 빛과 소금이 되는 방식에 익숙하지 못한 나를 발견한 거예요. 아마 아무리 저 표어가 작은 교회당을 휘감고 장식하고 있을지라도, 이 교회 교인들은 늘 그래왔듯이 그저 교인으로서만 존재할지도 모른다는 생각에 그만 절망이 되더라고요. 결코 저절로는 이루어지지 않을 그것을 위한 기도와 노력과 훈련을 포기할 것이라는 생각에 답도 얻지 못하고 동네를 떠났답니다.

집사님, 왜 교회가 세상에 아무 영향도 못 주면서 서 있어야 하나요? 왜 이렇게 되었을까요? 여기에도 분명한 이유가 있습니다. 교회나 교인이 주기도문적인 생활을 강조하기보다는 사도신경적인 신앙에 더 강조를 한 까닭입니다. 집사님, 여기서 한 번 심호흡을 하셔야 될 거예요. 그렇지 않으면 이제 풀어 놓을 말들을 소화하기 힘이 들 테니까요. 주기도문은 예수님의 것이지만 사도신경은 예수님의 것이 아닙니다. 약 15세기의 산물이지요. 신학을 조금이라도 공부한 사람들은 다 아는 것이지만, 당시 무역이 활발한 지중해 연안에 온갖 신앙들이 함께 따라 들어와 혼합되었지요. 헬라의 신비주의와 영지주의가 극성을 부렸는데 그것들은 예수님의 인간성을 부정하는 사상들이었어요. 교회는 그런 영향들로부터 어떤 장치가 필요했지요. 사도신경은 혼합신앙으로부터 교회를 보전하기 위한 틀이었어요. 세례를 받을 때 그런 사상들의 여부를 확인하기 위해 문답식으로 이루어졌던 것이 서

서히 하나의 양식으로 만들어 진 것이지요. 그런데 문제는 최소한의 확인 작업이었던 이것이 기독교 신앙의 골조가 되고 내용이 되고 만 것입니다. 예수님이 인간이었다는 고백만 하면 그만 신앙의 모든 것을 충족할 수 있다는 것이지요.

사도신경이 하나의 양식으로 나타나 신앙의 표준이 되기 이전부터 교회는 예수님의 삶보다는 인물에 관심을 가졌어요. 교회가 헬라 사회에 이식되면서 신약성서의 용어들을 문자적으로 오해한 데서 오는 현상이었지요. 예수님이 하나님의 아들이라는 표현을 문자적으로 그대로 받아들여 영지주의적이고 신비주의적인 헬라적 해석을 하려다 보니 역사의 한 정점을 산 인간 예수님은 하나님의 신성과 인간의 인성을 동시에 갖은 신비의 인물이 되어 버린 것이지요. 이렇게 되니 하늘 아버지가 예수님을 통하여 의도하셨던 하나님의 나라를 이루는 세상 즉 인간 예수님이 세상에서 사는 삶을 통하여 어떻게 사는 것이 참인지를 보여주려는 본래의 목적은 온데간데없어져 버리고 만 것이에요.

교회의 온갖 관심은 예수라는 인물에 대한 사변적인 논증이었어요. 온갖 변증으로 예수님의 신성과 인성을 논하는데 정력과 시간을 소요했지요. 325년 니케아 회의에서는 아타나시우스가 호모우시우스라고 하면서 내놓은 이론인 아들 예수는 하늘 아버지와 같은 동질의 신성을 가졌다는 것을 확정하는 신조를 채택했어요. 381년 콘스탄티노플 회의를 거쳐 451년 칼케돈 회의에서는 우리와 성정이 같은 인성과 하늘 아버지의 신성이 완전히 결합된 인물임을 주장하면서 단성론을 부정하는 신조를 확정했습니다. 이런 논쟁이 교회의 관심이다 보니 갈릴리의 예수님은 사실 애초부터 밀려나기 시작했던 것입니다.

사도신경이 갖가지 해괴한 신앙과 사조로부터 교회를 보호하려는 장치였음에도 불구하고 교회는 주기도문의 자리를 찾지 못했던 것이에요. 만약 교회의 초기부터 갈릴리 예수님의 하나님 나라 삶을 집약한 주기도문을 교회의 신앙 표준이고 신조이고 신앙의 내용으로 훈련하는 일에 초점을 맞추었었더라면 아마 교회는 좀 더 하나님 나라에 근접해서 발전되었으리라 생각이 됩니다. 집사님 한번 외워 봅시다. 사도신경과 주기도문을. 사도신경은 예수님이 어떻게 태어나고, 죽고, 다시 오시는가를 말하고는 있지만 어떻게 사셨는지는 말하고 있지 않아요.

전능하사 천지를 창조하신 하나님 아버지를 내가 믿사오며
그 외아들 예수 그리스도를 믿사오니
이는 성령으로 잉태하사 동정녀 마리아에게서 나시고
(예수님의 삶은 완전히 없음)
본디오 빌라도에게 고난을 받으사 십자가에 못 박히시고
다시 살아나시어 하나님 우편에 앉아 계시다가
저리로서 산 자와 죽은 자를 심판하러 오시리라
성령을 믿사오며 거룩한 공회와 성도가 서로 교통하는 것과
죄를 사하여 주시는 것과 몸이 다시 사는 것을 믿사옵나이다

가장 초기의 예수님의 언행집으로 추정되는 Q복음(Q자료란, 마가복음에는 없는데 마태복음과 누가복음에만 동시에 들어 있는 것을 말해요. 마태복음과 누가복음이 써졌을 때는 분명히 문자로 적혀진 문서였던 것 같은데 지금은 찾을 길이 없는 자료를 말하고 있답니다) 아무튼 거기에는 예수님의 것으로 말하고 있는 주기도문은 예수님 자신이 내가 누구이며, 어떻게 태어났으며, 신성을 가졌느니 마니 하는 따위의 자기의 정체성에 관한 것은 하나도 없어요. 이 땅에서 무엇을 추구하며 어

떻게 살아야 할지를 보여주는 것만 들어 있어요.

하늘에 계신 우리 아버지
이름이 거룩히 여김을 받으옵시며
나라가 임하옵시며
뜻이 하늘에서 이루어 진 것 같이
땅에서도 이루어지이다
오늘날 우리에게 일용할 양식을 주옵시고
우리가 우리에게 죄 지은 자를 사하여 준 것 같이
우리 죄를 사하여 주옵시고
시험에 들게 마옵시고
다만 악에서 구하옵소서 (마 6:9-15, 눅 11:2-4)

집사님, 사도신경은 최소한의 장치일 뿐입니다. 무한대로 난무할 수 있는 신앙의 행태를 기독교적으로 붙들어 둔 것뿐입니다. 그런데 요즘에는 사도신경이 예수님의 것이 아니라고 하면서 마치 사도신경을 고백하는 기존의 교회를 이단시하는 것을 보게 되는데, 이들 중에는 자기들이 메시아라고 주장하는 자들이 있다는 것입니다. 그러니 그런 방종을 막기 위해서라도 사도신경은 최소한의 틀로, 그릇으로 있는 것이 낫다고 생각합니다. 그러나 그건 차선의 방법일 뿐이어서 사도신경이 주기도문을 대신해서는 안 되고 능가해서는 더욱 안 됩니다. 사도신경은 갈릴리 예수님의 근본적인 메시지는 아니니까요. 그 메시지를 보존하기 위한 장치쯤으로 보면 좋을 듯합니다. 만약 사도신경적 신앙은 확고한데 주기도문적인 삶이 따르지 못하면 기독교인은 되는데 하나님 백성이라고는 볼 수가 없는 것이지요. 사실 우리가 참으로 갈릴리 예수님의 제자이며 하나님 나라의 백성인지를 나타내는 지표는 사도신경에 있지 않고 주기도문에 있으니까요.

자, 집사님 이번 메일의 주제로 돌아가 봅시다. 사도신경적인 신앙고백으로 꽉 찬 교인들이 사는 세상이 과연 하나님 나라를 이루고 있는가. 입니다. 대형교회는 저토록 부흥하는데 왜 세상의 하나님 나라는 쪼그라드는지요. 그런데 참으로 이상한 것은 사도신경적인 고백을 강조하면 할수록 교인들이 좋아하고 신앙의 엑스타시에 몰입하여 안돈을 갖는다는 것이에요. 그러나 착한 행실이나 희생이나 십자가를 지는 삶을 강조하면 그럴수록 교회에 매력을 느끼지 못한다는 것이에요. 사도신경적 고백과 신앙의 엑스타시는 개인적이고, 수직적인데 주기도문적인 하나님 나라 실현은 상호적이고 사회적이며 수평적이지요. 왜냐하면 사도신경은 개인의 고백을 말하지만, 주기도문은 우리들의 상호적 삶을 말하고 있기 때문이지요. 갈릴리 역사의 예수님이 21세기의 우리에게 간절히 소망할 것은 자기를 두고 신이라고 고백하고 추앙하는 것보다는 자기의 이름은 잊어도 무방하니 제발 자기가 하늘 아버지께 구하던 주기도문적인 삶을 살아 하나님 나라를 이루어 달라고 하는 것일 겁니다.

그러나 어쩌겠어요. 사도신경적인 고백신앙에 목숨을 걸고 치달아 오다 보니 교회는 주기도문적인 빛과 소금의 역할에 소홀할 수밖에 없었던 것이지요. 아까도 말했듯이 교회가 빛과 소금의 역할에 목숨을 걸고 이천년을 달려왔다면 세상은 하늘 아버지께 영광을 올리고 있을 겁니다. 즉 세상은 교회에 감사하고 교회가 있음에 행복해했겠지요. 앞다투어 교인이 될 것이고요. 집사님, 하늘에 계신 아버지께 영광을 돌리는 방식이 착한 행실이라고 왜 갈릴리의 예수님이 말을 했는지 한 번만 더 생각해 보고, 예수님이 유대교 신앙에 집착하고 고수하라고 말하지 않고 죄인과 병든 자와 가난한 자, 눌린 자와 소외를 당한 자, 창기와 세리들과 함께 사귀고 식사를 하다가 처형당할 수밖에 없었던 것을 한 번 더 생각해 보면 그때의 유대교가 무엇을 향하여 질주하고 있었는지, 그리고 지금의 기독교가 무엇을 향해 질주하고 있는지를 알 것 같지 않나요.

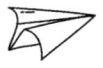

아홉 번째 메일

예수님은 그런 말 하지 않았어요

집사님, 오늘은 써 두었던 시 한 편을 먼저 읽어 드릴게요. 무슨 시냐고요? 나를 아는 집사님께 말하지 못할게 뭐 있겠어요. 사람들은 가끔 나의 다양한 열정을 오해하기도 해요. 집사님은 어떻게 생각하세요? 그러나 예수님의 하나님 나라에서 살고 싶은 그 열망은 날 가만히 놔두지 않네요. 때로는 신앙으로, 신학으로, 시로 그리고 노래로 나와요. 생의 마무리를 향한 초입에 들어선 요즘엔 한데로 모아 생활로 내 뿜으려고 애쓰고 있어요. 생활은 그 모든 열정의 완성도라고 생각이 되기 때문이지요. 그런데 우스운 것이 있어요. 내가 가끔 헌금시간에 특송을 하는데, 어떤 구십 세 된 권사님은 너무 감동한 나머지 자리로 들어가는 내 손을 꼭 붙잡고 놓지를 않아요. 그리고 나중에 하시는 말씀이 사모님이 부르면 가슴이 뛰고 어찌할 바를 모르겠대요. 집사님이 듣기에 좀 이상하다고 하시겠지요. 어, 이상하다 사모님이 그런 것 같지는 않은데 라고요. 그래요. 맞아요. 가슴으로 부른다고 할까요. 그냥 감동인 거예요. 깊은 열망과 그리고 애절한 경험이라고 할까요, 그런 삶의 자리에서 나오는 느낌은 듣는 이의 심장을 흔들고 찌르는 거지요. 집사님, 그런 감동으로 이 메일들을 완성하고 싶어요.

거꾸리 세상

발 벌리고
가랑이 사이로 세상을 보자

총총 무리 진 별 밭을 측량하고
달무리 호숫가에다
거꾸로 지은 집
지붕이 땅으로 솟아 내린 마을

하늘에서
스멀스멀 한 세상이 솟아 내린다

모두 거꾸로 태어나는 세상
나라는 사람은 바로 너
너라는 사람은 바로 나
출생신고를 그렇게 한다

하늘을 걷는 시민은
거꾸로 매달린 게 좋은
어릿광대

져야 이기고
적을 사랑해야 이기는

이상한 전쟁에서
병사들은 죽어야 산다

무릎을 꿇으면 꿇을수록
그만큼 높아지는 언덕에 올라
거꾸로 왕이 되는 종

내 두 다리 벌린
아치형 세상에서 본
거꾸로 솟아 나온
거꾸리 세상

얼마 전 방글라데시와 필리핀 선교를 마치고 필리핀에서 사역하다가 온 친구를 만났어요. 필리핀 한인교회에서 있었던 일을 얘기해 주었어요. 어느 날 그 지역에 거의 허리케인 수준의 강한 바람이 불고 지나갔대요. 그 강풍으로 적지 않은 피해들을 입었던 터라 예배 후 여러 사람이 모여 이런저런 걱정들을 하고 있었대요. 공장을 운영하는 장로의 부인이 땅이 꺼지도록 한숨을 쉬며 속상해했대요. 공장 지붕이 모두 날아가 버렸다고, 기둥의 일부가 휘어져 무너지는 바람에 물건도 많이 못쓰게 됐다고 하면서 말이에요. 그런데 그걸 듣던 집사 부인이 이렇게 말하더래요. 아휴, 그런데 우리는 너무나 감사해, 우린 하나님의 은혜로 아무 피해를 입지 않았어. 얼마나 감사한지 몰라. 하나님의 은혜로 강풍이 우리 가게를 피해 갔단 말이야. 나중에 공장의 지붕이 날아간 장로 부인이 울면서 내 친구에게 푸념하더래요. 하나님은 왜 그 집사에게는 은혜를 내리면서 정작 장로인 우리에게는 내리지 않았는지 모르겠다고. 창피해 죽겠다고, 자존심 상한다고 하더래요. 집사님, 도대체 은혜가 뭐예요? 아, 난 이럴 때마다 숨이 막혀요. 혼돈의 교회를 보거든요. 혼돈으로 뭉개진 교회의 언어들을 말이에요. 흑암에서 허우적대는 기독교 신앙들이 나를 옥죄어오고 결박하고 숨을 막는단 말입니다. 끈적끈적하게 달라붙어서 떼어 낼 엄두를 못 내고 기껏 내가 가지고 있는 척박한 신학적 소양을 탓하고 숨을 헐떡거리게 됩니다. 그러나 어쩌겠어요. 그런 나라도 해야지요. 지금은 새벽 1시, 난 밤을 새고 있습니다. 하나하나 떼어 내야 하니까요.

보세요. 불행하게도 우리가 사용하는 기독교의 전문 용어들은 대부분 바울의 용어들이에요. 예수님의 용어가 아니에요. 예수님의 하나님 나라 용어가 아니라, 바울이 그런 결과를 의도하지 않았을지라도 바울의 신유대주의적인 용어가 돼버린 것들이랍니다. 그 용어들이 나온 신학적 배경을 충분히 알지 못해서 바울을 바울로 알지 못하고 예수님을 예수님으로 알지 못한 채, 바울의 것을 예수님의 것으로 예수의 것을 바울의 것으로 혼용하여 사용하는 기독교회의 잘못이지요. 교회가 사용하는 대다수의 용어들은 유대교의 바탕에서 율법과 동물제사와 할례들을 해결하기 위해서 사용된 바울의 전문 용어들이라는 거지요.

똑같은 단어라도 바울이 의도하는 뜻과 갈릴리 예수님이 의도하는 뜻과는 달라요. 그런데 불행하게도 교회는 바울의 용어를 가지고 예수님의 용어로 사용하고 있다는 말입니다. 그러니 예수님의 하나님 나라는 이상한 모습으로 나타나고 만 것이지요. 혼돈된 용어들을 가지고는 예수의 하나님 나라를 제대로 이루기는 어렵습니다.

우리가 교회에서 흔히 쓰는 기독교의 전문 용어들은 뭐가 있나요. 십자가, 대속, 믿음, 은혜, 성령, 죄, 자유, 계시, 복음 등이지요. 이 용어들은 거의 바울이 사용할 때 차용한 의미를 교회가 사용하고 있는 것들이에요. 예를 들면, 예수님이 말하는 십자가와 바울이 말하는 십자가는 의미가 달라요. 예수님이 말하는 십자가는 하나님 나라를 사는 삶의 방식을 말하는 거에요. 의의 고통과 희생과 섬김을 말하는 은유 혹은 상징이지요. 빛과 소금과 같은 의미이지요. 그러나 바울이 말하는 십자가는 번제 단이에요. 예수님이 동물 대신 희생물로 바쳐진 번제단의 이름이지요. 이스라엘의 유대민족적인 번제 단 대신 인류 모두를 위한 번제 단이지요.

우리는 교회당 강단 전면에 설치된 십자가를 보고 무엇을 생각해야 하나요? 갈릴리의 예수님이 무엇을 생각해 주기를 원할까요? 하늘 아버지가 무엇을 생각해 주기를 원할까요? 자, 내가 대신 죽었으니 이스라엘 민족뿐 아니라 세계 모든 사람들은 동물로 제사를 드리지 않아도 된다고 말하실까요? 아니면, 나를 따르려거든 십자가를 지라고 말하실까요. 바울은 십자가를 보라고 했는데, 갈릴리의 예수님은 지라고 말하지 않나요.

성서라는 이유로 바울의 것과 예수님의 것을 똑같이 여기고, 바울서신과 복음서를 뭉뚱그려 읽어 온 기독교는, 기형적인 예수님과 괴상한 교회를 배출하였지요. 바울이 즐겨 사용한 대부분의 용어들이 생겨난 진앙지에는 민족적 유대교가 있어요. 바울이 사용할 때는 이 자리를 떠나서는 사용하지 않았어요. 그 용어가 사용된 자리와 배경을 확실히 모르는 교회가 용어의 문자에 성서적 권위를 부여해가며 자의적으로 사용하거나, 혹은 바울이 사용한 의미를 채취해서 아무 데나 붙여서 사용하게 되니 교회는 각양각색의 변질된 모습으로 나타나게 된 것이에요.

교회에 유전으로 내려온 기독교의 용어들을 낱낱이 추적해서 그 출처와 목적과 뜻을 밝히는 것은 예수님의 하나님 나라를 복원하는데 일조하는 것일 겁니다. 집사님, 새벽이 더 가까운 깊은 밤이 되었네요. 오늘은 왠지 잘 수가 없네요. 이왕에 잠을 놓쳤으니, 아까 그 미국의 한인교회에서 있었던 일에서 빚어진 은혜라는 용어의 오용을 추적해 보기로 하겠습니다.

  신약성서에서 갈릴리의 그때 그 예수님이 살아있을 때의 모습을 조금이나마 전하고 있는 책은 복음서이에요. 그런데 복음서를 읽어보면 예수님은 은혜라는 용어를 거의 사용하지 않는 걸 볼 수 있어요. 4개의 복음서 중 공관 복음서라고 말하는 마태, 마가, 누가의 복음서가 써질 때 인용된 자료는 여럿 있어요. 학자들에 따라 두 개의 자료설 혹은 4개의 자료설을 말하지요. 저는 4개의 자료설을 따르고 있어요. 공관복음서가 참고로 한 4자료는 마가복음과 그리고 마태와 누가가 마가복음 말고도 공동으로 사용했던 한 자료, 그리고 마태 고유의 자료와 누가 고유의 자료, 이렇게 4개의 자료라는 말입니다. 마태와 누가복음에 공동으로 들어간 자료 중에는 마가복음 이외에 분명히 써져서 존재했으나 지금은 없는 한 자료가 있는데 그 자료를 학자들은 Q라고 일컬어요. 독일어로 자료라는 뜻의 Quelle의 첫 자를 딴 것입니다.

  말하자면 그 원자료들은 복음서보다 훨씬 먼저 존재한 자료들이라는 거지요. Q는 약 주 후 50년에 써진 것으로, 마가복음은 주 후 70년에, 그리고 나머지는 마태나 누가가 개인으로 수집한 자료들이니 좀 더 뒤의 것으로 생각됩니다. 역사의 예수님의 연구에 있어서 복음서의 최초의 자료들은 굉장히 중요합니다. 왜냐하면 최초의 것이면 최초의 것일수록 갈릴리 예수님의 것에 가깝고, 그의 생전의 삶의 모습에 가깝다고 할 수 있으니까요.

  그런데 참으로 중요한 걸 발견했습니다. 갈릴리 예수님의 모습을 가장 가깝게 들여다볼 수 있는 마가복음에는 지금의 교회에서 그렇게도 흔하게 사용되는 은혜라는 말이 하나도 없다는 것을. 그리고 마태복음에는 은혜라는 말 대신에 자비라는 말이 4번 나오고, 누가복음에는 은혜를 7번, 요한복음은 은혜와 진리를 묶어서 2번을 사용하고 있을 뿐이에요. 이것으로 보아서 예수님은 은혜라는 용어를 거의 쓰지 않았다고 볼 수가 있습니다. 썼을지라도 자비의 의미로 썼던 것이지요.

그런데 보세요, 반면에 바울은 거의 상투적으로 쓰고 있는 걸 볼 수 있습니다. 너무나 많아서 헤아리기 힘들더라고요. 그것은 분명한 이유가 있기 때문입니다. 바울은 이 용어를 사용하지 않고는 자기의 주장을 설명할 수가 없었기 때문이지요. 그런데 바울이 이방인을 위한 구속의 의미로 사용한 은혜는 자비를 의미하는 것이 아니었어요. 물론 바울도 예루살렘 교회를 위한 고린도 교회의 연보를 은혜라고 말하고 있고, 하나님의 자비를 의미하는 뜻으로도 사용하고 있지요. 아무튼 은혜라는 이 용어는 예수님이 사용도 거의 안 했거니와 몇 번 했다손 치더라도, 그 의미가 서로 다르다는 것이지요. 그러면 이제 바울이 어떤 자리에서 은혜라는 말을 사용했는지 알아야겠지요.

"율법 안에서 의롭다 함을 얻으려하는 너희는 그리스도에게서 끊어지고 은혜에서 떨어진 자로다…"(갈 5:4-5)

"이는 그의 사랑하시는 자 안에서 우리에게 거저 주시는 바 그의 은혜의 영광을 찬미하게 하려는 것이라 우리가 그리스도 안에서 그의 은혜의 풍성함을 따라 그의 피로 말미암아 구속 곧 죄 사함을 받았으니"(엡 1:6-7)

곧 은혜의 속죄론이지요. 여기서 은혜는 율법을 대신하는 용어인 걸 알 수가 있어요. 마치 서로 상반된 용어처럼 생각되지만, 그것은 속죄론이라는 같은 바탕에서 나온 용어들이에요. 율법의 행위를 포함한 동물 제사와 관련된 용어랍니다. 율법은 동물을 바치는 행위의 제사를 요구하지만, 은혜는 믿음이라는 제사를 요구하는 것이지요. 율법의 행위제사는 직접 동물을 잡아 피를 흘림으로 제사를 드리고, 믿음의 제사는 동물을 대신하여 예수님이 피를 흘렸다는 것을 믿는 믿음제사를 드리는 것이고요. 율법은 행위의 제사를 요구하고 은혜는 믿음의 제사를 요구하는 것이에요. 동물제물은 매 번 드리지만, 예수제물은 단번에, 영원히 드려진 것이므로 어느 시대이든, 어느 민족이든 믿기만 하면 그 제사의 효력이 발생하니 그게 곧 은혜라는 것입니다. 바울의 은혜는 유대인들과 이방인들을 동시에 피의 제사로 끌어들여 하나님의 백성이 되게 하는 방식의 용어인 것입니다.

"이와 같이 그리스도도 많은 사람의 죄를 담당하시려고 단번에 드리신바 되셨고"(히 9:28)

바울의 은혜는 결국 세계를 향한 새로운 제사 용어라고 볼 수 있어요. 새로운 대속제사의 방식을 말하는 것이지요. 이 은혜의 속죄론은 유대교의 피를 통한 구속 제사를 벗어날 수 없었던 바리새인이요 다른 연갑자들 보다 더 유대교에 열심이었던 바울이 깨달은 이방인을 위한 속죄론이며 새로운 유대교의 속죄론으로도 볼 수가 있지요. 이 깨달음은 다메섹 도상에서 예수님의 현현을 경험하고 3년 후에(예루살렘 회의에서 그 이론을 정식으로 소개하고 발표하기까지는 거의 17년 후에) 완성된 이론입니다. 초기 3년 동안 아쉽게도 바울은 예수님의 제자들과 교류를 갖지 않았습니다. 아라비아에서 직접 예수님으로부터 계시를 받았다고도 말을 합니다. 이로써 바울의 이론이 예수님의 삶의 내용을 능가하게 되고 희석하게 되고 결국 주객이 전도되고 삶보다는 교리의 아성에 갇혀, 따르는 예수님보다는 믿고 비는 예수님으로 변질되는 원인이 된 거라고 볼 수 있습니다. 바울의 이런 접근은 예수님의 지상의 실제의 삶이 어떠했는가에 대한 것보다 유대교의 세계화. 아마 그가 생각하기를 율법을 어기는 것으로 생각하고 예의 주시하고 극렬히 핍박했던 예수님의 제자들의 모임(Jesus Movement)의 세계성. 즉 예수님이 세리와 죄인과 이방인과 함께 식탁교제를 즐기고 함께 동행을 하는 그런 범 이스라엘적인 삶에서 보여진 세계성에 대한 유대교적 설명이라고 볼 수 있습니다.

> "그 아들을 이방에 전하기 위하여 그를 내 속에 나타내시기를 기뻐하실 때에 내가 곧 혈육과 의논하지 아니하고 또 나보다 먼저 사도 된 자들을 만나려고 예루살렘으로 가지 아니하고 오직 아라비아로 갔다가 다시 다메섹으로 돌아갔노라 그 후 3년 만에 내가 게바를 심방하려고 예수살렘에 올라가서 저와 함께 십오일을 유할쎄 주의 형제 야고보 외에 다른 사도들을 보지 못하였노라"(갈 1:16-19)

> "십 사년 후에 내가 바나바돠 함께 디도를 데리고 다시 예루살렘에 올라갔노라 계시를 인하여 올라가 내가 이방 가운데 전파하는 복음을 저희에게 제출하되"(갈 2:1-2)

> "이는 내가 사람에게서 받은 것도 아니요 배운 것도 아니요 오직 예수 그리스도의 계시로 말미암은 것이라"(갈 1:12)

갈릴리의 예수님은 이 용어를 사용하지 않았습니다. 예수님은 이 세상을 어떻게 살아야 하는지 그 사는 방식을 보여주러 왔는데 제사 용어를 사용할 이유가 있었겠어요? 그런데 교회로 하여금 크게 오용하도록 한 것은 은혜가 갖고 있는 '공짜'라는 뜻 때문이에요. 은혜라는 단어가 속죄제사에서 나온 용어인데도 그것과는 전혀 무관한 자리와 경험에서 사용되고 있어요. 공짜라는 뜻만 차용하여 아무 데나 붙여서 사용하고 있는 거지요. 아주 이기적인 말로 사용하고 있다는 말입니다. 공짜라는 뜻을 유대교의 율법의 행위를 하지 않아도 된다는 데에만 사용하여야 하는데, 사용의 자리가 전혀 맞지 않는 정의와 공평에 대한 무책임한 말로 사용하고 있어요. 이런 행태를 두고 나치가 죽인 독일의 청년 신학자 본회포는 값싼 은혜라고 말했어요.

아무 의식도 없이, 무심코 교회는 이렇게들 말하지요. 아프리카 사람들은 먹을 구정물도 없어 목이 타 죽어가고 있는데, 우리는 산 좋고 물 좋은 삼천리 금수강산에서 살고 있으니 우리에게 베푸시는 하나님의 은혜를 감사하지 않을 수 없다라고요. 그러면, 아프리카 사람들은 하나님의 구박덩이인가요. 왜요. 조상 때문에요? 오히려 가난과 가뭄이 더욱 극심한 이디오피아는 일찍 기독교 국가가 되지 않았나요. 스데반의 순교 이후 사울의 핍박을 피해 흩어져 전도를 하던 사람들 중 빌립이 전도하여 얻은 최초의 이디오피아인의 이야기가 사도행전에 나오잖아요(행 8:4-39). 또 살아남은 것에 감격한 나머지 이렇게들 말하지요. 9.11때 폭삭 내려앉아 3,012명이나 죽은 쌍둥이 빌딩의 잔해 속에서도 이렇게 살아남을 수 있었던 것은 하나님의 전적인 은혜였다고, 비천한 나를 향하신 지극한 하나님의 은혜 때문이었다고요. 그러면, 죽은 사람들은 다 저주를 받아서 그렇게 되었나요. 왜 잔혹한 저주를 그들에게? 오히려 예수님은 이렇게 말을 했는데요. 그럴 때 어떤 말을 해야 하는 건지 정말 모르지만요. 구사일생, 차라리 이 단어가 맞을까요. 아무튼 예수님은 이렇게 말했습니다.

"대답하여 가라사대 너희는 이 갈릴리 사람들이 이같이 해 받음으로써 모든 갈릴리 사람보다 죄가 더 있는 줄 아느냐"(눅 13:2)

"또 실로암에서 망대가 무너져 치어 죽은 열여덟 사람이 예루살렘에 거한 모든 사람보다 죄가 더 있는 줄 아느냐"(눅 13:4)

예수님과 바울이 뒤 섞이다 보니, 교회가 사용하는 은혜라는 용어는 바울이 사용하던 본래의 자리(율법과 제사와 관계된 자리)를 박차고 나와 예수님에게 붙어버렸어요. 바울이 유대교를 세계화하려고 알레고리로 설명한 예수님 대속론에서 얻은 예수님이 대신한다는 공짜 개념의 은혜가 예수님의 하나님 나라 개념이 되어 버린 것이지요. 교회는 이런 공짜 개념의 은혜를 사랑 받을 자격이 없는 데도 사랑을 흠뻑 받은 것에 대해 감사하는 개념으로 사용하고 있어요. 얼핏 듣기에 감격스러울 만큼 겸손한 용어인 듯싶지만, 사실은 아니에요. 남에 대한 배려가 없는, 남의 고통을 내 고통처럼 생각하지 않는, 자기 안녕만, 자기 행복만 생각하는 이기적인 소치에서 나오는 행태로 쓰인다는 말입니다.

예수님의 하나님 나라에서는 고난을 당한 자들에게나 살아남은 자들에게나 그 용어를 차용하여 말하지 않습니다. 살아남은 자들에게만 하나님의 은혜가 내리는 게 아니거든요. 하나님 나라의 해는 나에게만 비치지도, 옳은 자에게만 비치지도 않거든요. 악인과 선인에게 두루 비취며, 비도 의로운 자와 불의한 자에게 모두 내린답니다.(마 5:43-48). 다 죽었는데 나만 살아서 하나님께 감사하다는 말은 예수님의 하나님 나라에서는 없어요. 감사하기보다는 아프고 슬퍼야 합니다. 다만 구사일생이었다고 하는 편이 하나님을 하나님으로(God is God) 계시게 하는 겸손한 감사일지도 모릅니다. 갈릴리 예수님의 저 유명한 말을 상기해 봐요.

"네 이웃을 네 몸처럼 사랑하라"

성서에는 예수님도 있고, 바울도 있고, 마태도 있고, 마가도 있고, 누가도 있고, 요한도 있고, 시간이 꽤 지난 1세기도 있고요, 헬라도 있고, 그리고 유대종교와 유대민족의 역사와 전통은 말할 것도 없고요. 예수님은 이 모든 것 중에서 구별되어야 합니다. 반드시요. 그렇지 않으면 우리는 예수님과 관계없이 믿고 싶은 대로 믿고, 하고 싶은 대로 하는, 세상에 빛과 소금은커녕 세상을 오염시키는 독선적이고 이기적인 기독교인이 될 수밖에 없을 것입니다.

집사님, 밤을 홀딱 새웠네요. 아직 잠들지 마세요. 아직 잘 때가 아니에요.

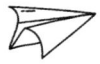

열 번째 메일

성령(Spirit)은 다른 영들(spirits)과 달라요

저번 메일에서는 교회에서 남무하는 은혜라는 용어에 대해서 이야기를 했어요. 은혜라는 용어는 바울의 전문 용어이지 예수님의 용어가 아니라는 것이었지요. 예수님은 거의 사용하지 않았고 바울은 율법 행위의 반대말로 사용했어요. 많은 용어에 있어서 예수님과 바울이 생각하는 의미는 참으로 달라요. 몇 가지 짚어보면 이래요. 믿음이라는 용어는 예수님에게는 하늘 아버지에 대한 신뢰를 의미하지만, 바울에게는 예수님의 대속에 대한 신뢰를 의미해요. 죄라는 용어는 예수님에게는 인간의 원초적인 불완전성을 말하고 있어요.

현장에서 잡힌 간음한 여인의 이야기를 봐요. 마치 율법을 파기하는 것처럼 보였던 예수님을 시험하려고 함정에 빠뜨리는 사건이었지요. 만약 이 여자를 죄없다 하면 즉각적으로 예수님의 허물이 드러날 것이었어요. 이런 여자에게 베푸는 용서의 행위는 모세의 율법 곧 유대교의 율법을 파기하는 것이니까요. 예수님은 정곡을 찔렀어요. 죄 없는 자만 이 여자를 정죄할 수 있다고 했어요. 죄에 대해서 자신이 있는 자만 돌로 치라고 했어요. 그 돌들은 다 어디로 갔을까요? 예수님은 말했어요. 너를 치려고 한 자들이 다 어디로 갔느냐고요.

그런데 바울에게 있어서 죄란 율법의 행위를 수행하지 않는 것을 말합니다. 의인은 없나니 하나도 없다고 하는 전적 타락을 바울은 말하지만, 그 바탕과 배경은 예수님과 다릅니다. 바울에게 있어서 의인과 죄인이란 유대교의 율법과 율례를 기준으로 한 용어입니다. 죄인이란 그 법을 완벽히 지킬 수 없는 걸 말하지요. 예수님은 죄를 유대교 율법의 불이행이라고 말하지 않습니다. 인간이면 누구에게나 있는 본래적 속성을 말하고 있으니까요. 불완전한 속성 말이지요. 죄에 대한 예수님의 이런 시각이 모든 인간에 대해 조건 없는 용서를 가능하게 할 수 있었던 것이랍니다. 그러나 바울의 죄의 개념의 전제가 유대교가 정한 율법을 수행하는 여부에 있다고 하는 것은 조건 없는 용서를 가능하게 할 수가 없는 거지요. 죄를 없이하기 위해서는 반드시 율법의 요구를 이행해야 한다는 조건이 있게 되니까요. 그러니 바울은 예수님으로 하여금 그 조건을 충족하도록 한 것입니다. 그것이 바울의 대속론입니다.

이 외에 교회에서 마구잡이로 쓰고 있는 용어들이 꽤 있어요. 회개, 자유, 복음, 성령 등이지요. 예수님의 복음은 하늘 아버지의 나라를, 바울의 복음은 예수님의 대속을 말하고 있어요. 바울의 케리그마(선포)인 십자가의 도이지요. 이렇듯 대부분의 용어를 예수님은 아버지 하나님 나라에 관해서 사용하고 있는데 비해 바울은 예수님의 대속과 관계해서 사용하고 있는 걸 볼 수 있어요. 아, 누누이 말하지만, 이토록 예수님의 복음과 바울의 복음이 극명한 차이를 갖게 된 것은, 결과적으로 예수님의 복음이 바울의 복음에 가려지게 된 데는 바울이 피할 수 없었고 지나쳐 건너갈 수 없었던 유대교의 율법 준수 여부였습니다. 이러한 상황에서 예수님의 용어들과 바울의 용어들이 다른 의미에서 사용된 것을 볼 수 있습니다.

불행하게도 교회는 예수님이 사용한 의미보다는 바울이 사용한 의미에 더 치중하였고 그마저도 바르게 사용되지도 않는 걸 볼 수 있습니다. 왜냐하면 바울이 그렇게 사용할 수밖에 없는 상황에 대해 충분히 이해하려는 정직한 노력도 없이 교회의 편의대로 사용하였기 때문입니다.

이렇게 사용되는 용어 중 성령이라는 용어가 교회에 미치는 영향은 말을 다 할 수가 없어요. 교회를 가장 혼란스럽게 만든 주범이 됐거든요. 얼마나 마구잡이로 사용을 하는지 성령을 마치 부리는 종으로 만들어 버렸어요. 많은 교회들은 성령을 자기들의 주장과 자기들의 색깔을 지지하는 데에 아주 충분히 마음 놓고 이용하는 걸 볼 수 있어요. 각종 이기심과 욕심과 권력과 교회 확장과 투쟁과 지배와 부정을 자행하기 위해 성령을 끌고 오지요. 또는 신비의 황홀경에 빠뜨리기 위해 각종 정신병적이고 해리 현상적인 엑스타시의 권위자로 성령을 내세우지요. 쏟아져 나온 영과 성령에 관한 많은 책들의 책장을 넘겨보아요. 영과 성령을 두루뭉술하게 사용하는 걸 볼 수 있어요. 성령을 정신(spirit)인지 영물(ghost)인지 구별 없이 말하고 있어요. 이 원론을 바탕으로 영을 육과 대립시키고도 있고요. 인격에는 아무 영향도 끼치지 못하는 종교적인 신비적 경험을 성령의 활동이라고 말하고도 있어요. 자기 생각과 거기서 발출된 어떤 현상들에 모두 성령이라는 이름을 붙이고 있는 것이에요.

영이라고 다 성령이 아니에요. 영과 성령은 구별되어야 합니다. 구약과 유다이즘의 영과 바울의 영과 예수님의 영이 달라요. 구약과 유다이즘의 영은 주로 이스라엘에 관여하는 영이에요. 바울의 영은 주로 대속론에 관여하고요. 그런데 예수님의 영은 이스라엘에 관여하지도, 대속론에도 관여하지 않아요. 예수님의 영은 오직 하나님의 나라 복음에만 관여하고 있어요. 예수님의 영은 하나님 나라 자체인 그분의 지상의 삶 즉 인격과 가르침과 삶과 행위 그리고 비전 그 모든 것을 규정하고 발휘하는 영입니다. 즉 예수님의 지상의 사역을 말하고 있다는 말이지요. 그 사역이란 세상을 아버지 하나님 나라로 만드는 일이지요. 이런 예수님의 영만 성령이라고 말할 수 있습니다. 성령은 예수님의 지상의 삶과 불가분입니다. 그러니 성령은 예수님의 삶을 따르게 하는 영으로서 성령으로 사는 자는 예수님의 아버지 하나님의 나라를 사는 자들입니다. 그런 자들만 성령의 사람들이라고 말할 수 있다는 것입니다.

우리들의 교회가 이토록 정신을 잃고 혼탁하게 되고 이단이 극성을 부리는 현상의 제일 큰 요인은 성령에 대한 오해입니다. 생전의 역사의 예수님의 삶인 그의 가르침과 비전과는 관계가 없는 전혀 다른 것으로 여기고 있기 때문이에요. 게다가 바울의 이원론적이고 신비주의적인 영을 입맛대로 자기 교회에 맞는 버전(version)으로 바꾸었기 때문이고요. 교회가 성령과 역사의 예수님과의 불가분의 관련을 알지 못하는 무지에서 오용과 남용을 자행하고 있다는 걸 간파한 나는 한 학기 강의를 성령 강좌에 매달리기도 했어요. 다음은 복음신학연구원의 석사과정에서 강의한 내용인데요, 유다이즘과 바울과 예수님에게 있어서의 영의 의미와 역할을 더듬어 본 것이에요. 집사님, 우리들의 가슴앓이를 이성으로 대처하지 않으면 저 거대한 무지의 물결에 휩싸여 교회는 무당이 날뛰는 신전이 되고 말 것입니다. 혹은 목사를 왕으로 옹립하고 복종을 즐기면서 목사와 거대한 맘모스 교회를 우상으로 섬기는 황홀경에 빠진 군중들로 가득 찬 대궐이 될 것입니다. 그러니 힘들고 귀찮더라도 신학적인 계몽에 애써야 할 것입니다.

집사님, 각오가 되어 있나요? 힘들고 질깃한 신학적 추적을 함께할 각오 말이에요. 아예 커피 한 잔 갖다 놓으세요. 그리고 주전부리할 것도요. 나도 힘들어요. 그렇지만 집사님이 동행해 주신다면 힘들지 않을 거예요. 골목골목 구석구석을 추적하렵니다. 갈릴리 예수님에게 덮여 씌워진 더럽고 치명적인 오물들을 씻어 내서 교회로 되돌려야 할 거니까요. 전 음악을 틀었어요. 손님을 치를 때도 그러는데, 벅찬 일의 순서를 잡으려고 마음을 추스르는 겁니다. 갑자기 숨이 편안해지네요. 노라 존스(Norah Jones)의 재즈가 아무도 없는 거실에서 들려옵니다. Come Away With Me가 들려오네요.

Come away with me in the night

Come away with me

And I will write you a song

내가 교회의 한 가운데서 교인들이 그려 내는 수많은 신앙의 예수님에게 질려서 오직 한 모습 그때 그 갈릴리의 예수님을 찾아 헤맨 것이 역사의 예수 탐구(Historical Jesus Quest)였습니다. 그리고 교회가 그동안 좇아 왔던 예수님이 갈릴리의 예수님보다는 신앙의 그리스도였다는 걸 알았지요. 예수 탐구사는 그 탐구의 내용과 시기에 따라 1 탐구, 2 탐구, 3 탐구로 발전되었어요. 이런 탐구사를 발전시킨 공신은 비평학과 고고학이 대표입니다. 여기서 볼 수 있듯이 신앙의 예수님에게서 역사의 예수님을 발굴하려는 노력에서 한 가지 소홀하게 된 것이 있더라고요. 바로 성령의 문제이지요. 역사의 사람 예수님을 말하다 보면 어느새 영의 세계는 멀어지고 있거든요. 그래서 나는 어떻게 하든지 역사의 예수님과 성령과의 관계를 밝히려고 하고 있는 것입니다. 이미 나의 저서인 〈예수의 제4 탐구, 호반의 예수〉에서 말했어요. 1, 2, 3 탐구에서 전혀 다루지 않거나 혹은 별로 중요하지 않았던 예수님의 영에 관한 영역을 나의 제4 탐구에서는 중요하다고요.

역사의 예수 연구에서 성령의 문제를 고민하는 나에게 힌트를 준 사람은 마르커스 보그(Marcus Borg)였어요. 보그는 이렇게 말하고 있어요.

'Within Scholarly circles, Jesus' relationship to the world of Spirit is seldom taken seriously, Attention is directed to what he said, and sometimes even to what he did, but seldom is attention paid to what he was. What Jesus was, historically speaking, was a Spirit-filled person in the charismatic stream of Judaism. This is the key to understanding what he was like as a historical figure. In an important sense, all that he was, taught, and did flowed out of his own intimate experience of the world of Spirit."(Jesus A New Vision, HarperSanFrancisco, 1987, 25쪽)

〈역사의 예수를 탐구하는 학자들은 영의 세계에 대한 예수님의 관계를 거의 중요하게 다루지 않는다. 예수님이 무엇을 말했는지, 무엇을 했는지에 대해서는 관심을 갖지만, 예수님이 어떤 사람이었는지는 주목하지 않는다. 예수님이 어떤 사람이었는지를 역사적으로 말한다면, 그는 유다이즘의 은혜의 줄기에 놓여 있는 영이 충만한 한 사람이다. 이것이 역사의 인물로서 예수님이 어떤 사람이었나를 이해할 수 있는 열쇠이다. 예수라는 인물, 그의 가르침, 그의 행동은 모두 그가 친밀하게 가졌던 영의 세계에 대한 그 자신만의 경험에서 흘러나온 것이다.〉

집사님, 내가 보그의 이 문구를 번역하면서, Spirit의 S가 대문자로 써졌으면서도 성령으로 번역하지 않고 일반적인 영으로 번역을 한 것은 의도적입니다. 왜냐하면 영이 다 성령이 아니고 예수님에게서 비로소 성령이 된다는 것을 말하려고 하기 때문입니다. 나중에 연구를 통해서 알게 될 것이지만, 영은 영이 깃든 사람에 따라 모양이 다르기 때문입니다. 예수님의 영은 예수라는 인물을 자아냈고 그 인물은 그의 삶을 자아냈고, 그의 삶은 곧 아버지 하나님 나라였기 때문입니다. 그러니 그런 인격과 그런 삶과 동떨어진 결과를 가져오는 영의 사역은 성령의 사역이라고 말할 수가 없는 것이지요. 예수님을 갈릴리의 예수님으로 만든 영만이 성령이라고 말할 수 있습니다.

　적어도 보그의 이런 지적은 그간 역사의 예수 탐구의 한계를 넓혀 준 것이었습니다. 예수님의 삶과 성령과의 관계를 정확하게 짚어 내지 못한다면, 성령과 예수님은 별개의 존재가 되고, 성령은 예수님에게 쏘옥 들어왔다가 나갔다가 하는 영물(ghost)이 되는 것입니다. 성령은 영물이 아닙니다. 예수님의 지상의 삶과 비전을 전적으로 담당한 그의 정신(Spirit)입니다. 예수님과 일체로서 예수님을 예수님답게 영입니다. 그러니 예수님의 삶을 통전적으로 일컬을 수 있는 한 단어가 있다면 그건 성령입니다. 물론 역사의 예수 연구에 있어서 예수님과 성령의 관계를 말할 때 삼위일체 교리 안에서 설명하는 방식으로 하는 것이 아닙니다. 역사의 예수 연구에 있어서, 나는 주장하기를 신론조차도 역사의 예수님을 벗어나서 논할 수 없다고 하기 때문입니다. 보이지 않는 하나님이 지상의 예수님을 통해 비로소 보이셨기 때문입니다. 아마 요한복음의 성육신 개념은 차라리 이런 맥락으로 이해해야 될 것입니다. 역사의 예수님을 벗어난 신론은 걷잡을 수 없는 무수한 종교적 신앙의 신들을 양산할 수밖에 없습니다. 마찬가지로 성령도 역사의 예수님을 벗어나서 설명된다면, 지상에 살면서 풀어냈던 예수님의 삶의 내용에서 설명되지 않는다면 영적 사기꾼들의 공갈과 협박에서 벗어나기가 힘들 것입니다. 자기들의 욕심과 주장과 탐욕과 음란을 지지하기 위한 수단으로 성령을 사용할 것이니까요. 기독교의 신비주의와 천사숭배, 각종 기독교적 엑스타시가 다 성령의 이름으로 자행되는 것들입니다. 자의적이고 이기적이고 자기본위적인 이기심 가득한 파괴적인 정신병의 발로를 성령이라는 이름으로 정당화하는 것이지요.

집사님, 그러면 왜 성령이 갈릴리 예수님의 것으로 정착을 못 했을까요. 성령이라는 이름이 사무치도록 외쳐지는 교회의 현장에 왜 갈릴리 예수님의 생전의 삶이 펼쳐지지 못한 것일까요, 성령과 갈릴리의 예수님을 분리했기 때문이고, 성경에 나오는 영들을 구분하지 않고 혼잡스럽게 마구 사용하기 때문입니다. 이런저런 영들을 편리한 대로 자의적으로 사용하기 때문이지요. 그래서 나는 우선 성경은 영들을 어떻게 말하고 있는지를 살펴보았습니다. 그런데 참 이상한 것이 발견되더라고요. 영은 헬라어로 푸뉴마(pneuma)인데, 앞이나 뒤에 무엇을 붙이느냐에 따라 그 성격이 달라지더라고요. 때론 영(pneuma)이 성령도 되고, 귀신도 되고, 마음도 되고, 중심도 되고요. 또는 악귀, 심령, 영혼, 바람, 신령, 기운, 생기, 정신도 되고요. 앞뒤에 붙어 있는 한정어나 전후 맥락에 따라 달라진 것이지요. 성령이라고 일컬어질 때는 앞이나 뒤에 거룩(hagion)이나 정관사 그(to)가 붙어 있는 '영(pneuma)'을 말하고 있어요.

그리고 복음서에는 성령이라는 용어를 예수님이라는 인물의 특성과 사역을 말하려고 할 때 사용되고 있어요. 잉태설화를 싣고 있는 마태복음과 누가복음은 성령의 잉태를 말하고 있고요, 잉태설에 침묵하는 마가복음과 요한복음은 성령의 세례를 말하고 있어요. 각기 복음서에서 처음 예수님이 출현할 때 사용된 것으로 보아 예수님이라는 인물의 정체성을 구별하는 용어로 사용한 것 같아요. 한마디로 복음서들은 예수님이 성령의 사람이라는 것입니다. 예수님이라는 인물을 특징 지워 주는 성령은 예수의 가르침과 삶과 비전을 간섭하고 이루어 내는 그의 정신과 중심과 마음이 되는 것입니다.

그런데 구약과 유다이즘의 영은 예수님의 영과는 다른 영이에요. 영을 히브리어로는 '루아흐'라고 하는데 히브리 성경을 아람어로 번역한 탈굼에서는 예언의 영을 말하고 있어요. 주로 이스라엘의 회복에 대한 예언이지요. 또 히브리 성경을 헬라어로 번역한 70인 역에서 '루아흐'는 창조와 기적의 능력으로 말하고 있어요. 우주를 창조하는 영, 삼손에게, 엘리사에게 기적을 나타내는 영이지요. 그리고 메시아에 임하는 영을 말하고 있어요. 다윗 같은 인물, 엘리아 같은 인물, 모세와 같은 자, 종과 같은 자 등등이에요. 이 영들은 모두 이스라엘에 관한 영이에요.

　유다이즘의 영이 이스라엘의 구원과 관계된 것들이어서 그 영은 적을 파멸시키는 예언과 기적과 힘을 발휘하는 영이지요. 그렇다면 유다이즘의 영은 예수님의 영과 다르지 않나요. 요즘의 이슬람 원리주의자들을 보세요. 알라 하나님은 자기들의 편이라고 믿고 있으며, 미국은 그들의 적이고, 적과의 싸움에서 이기기 위해서 자살폭탄테러와 같은 놀라운 능력(?)을 발휘하고 있지 않나요? 모든 영은 영일지라도 예수님의 영에 검증되지 않으면 성령이라고 볼 수가 없다는 말입니다. 그런데 우리들의 교회는 성령이라는 이름으로 예수님의 영이 아닌 유다이즘의 영을 사용하기를 즐기지요. 그 영엔 적이 있고 승리가 있으니까요. 집단 이기주의를 옹호하기에 아주 적합하니까요. 만약 교회가 성령이 갈릴리의 예수님의 하나님 나라의 삶과 따로 떼어서는 작동할 수 없다는 걸 알고 정직하게 인정하고 순복한다면 그렇게 가볍고 무모하게 함부로 굿하듯이, 작두에 올라타 신들림을 받듯이 순간의 엑스타시에 빠져들지는 않을 것입니다. 그러니 교회는 성령을 아무 때나 부르거나 초청하지 말아야 할 것입니다. 예수님을 예수님답게 하는 영인 성령, 하나님 아버지를 보고 부르며 교통하는 그 예수님의 영인 성령, 그래서 갈릴리의 사람 예수님을 충분히 하나님의 아들이 되게 한 그 성령은 이럴 때 불리어져야 할 것입니다. 바로 예수님을 따르며 하나님 나라를 살고자 할 때만 말입니다. 요한복음은 이렇게 말하고 있습니다.

"보혜사 곧 아버지께서 내 이름으로 보내실 성령 그가 모든 것을 가르치시고 내가 너희에게 말한 모든 것을 생각나게 하시리라"(요 14:26)

유다이즘의 영 이외에 교회가 좋아하는 영이 있습니다. 바울의 영이지요. 누구나가 다 그렇듯이 바울도 자기의 깨달음과 주장을 성령의 사역이라고 말하고 있어요. 사실 예수님의 대속론은 바울로서는 옳은 깨달음이었어요. 율법과 희생제사에 묶여있는 이스라엘 민족에게나 그 전통과 상관이 없는 이방인들에게 율법과 희생제사를 위시한 유대교의 전통들을 거치지 않고 하나님에게로 오는 방법을 설명할 수 있는 가장 탁월한 방법이었을 것입니다. 그러나 바울은 자기의 깨달음을 전무후무한 신비한 영의 사역이라고 주장하고 있어요.

이원론적이고 신비주의적인 영지주의자이며 유다이즘의 바탕에 서 있는 바울에게 있어서 자기의 영은 하나님과의 직접적인 관계를 말하고 있어요. 그렇지만 바울이 주장하는 자기의 직접적이고 직통적인 하나님과의 관계는 예수님의 지상의 실제 삶의 내용과는 무관한 것이지요. 바울은 예수님의 지상의 삶의 내용보다는 예수님의 죽음의 의미에 더 집중되어 있었던 것입니다. 바울의 영이 받아 낸 하나님과의 직통계시는 유대교의 율법을 대신하는 예수님의 죽음의 의미였던 것입니다. 바울은 이렇게 말하고 있습니다.

"그러므로 우리가 이제부터는 아무 사람도 육체대로 알지 아니하노라 비록 우리가 그리스도도 육체대로 알았으나 이제부터는 이같

이 알지 아니하노라"(고후 5:16)

아마 예수님의 제자들에게도 육체대로 알지 않겠다는 말 같아요. 생전의 예수님에 대한 자료나 증언에 있어서 예수님의 지상의 삶의 내용을 충분히 알고 있는 제자들을 자기가 알 필요가 없다는 것입니다. 바울에게 있어서 예수님이 필요한 부분은 지상의 삶이 아니라 십자가의 죽음이었으니까요.

"그 아들을 이방에 전하기 위하여 그를 내 속에 나타내시기를 기뻐하실 때에 내가 곧 혈육과 의논하지 아니하고 또 나보다 먼저 사도 된 자들을 만나려고 예루살렘으로 가지 아니하고 오직 아라비아로 갔다가 다시 다메섹으로 돌아갔노라"(갈 1:16,17)

바울은 본래 혈육과 사도들을 만났어야 했어요. 생전의 예수님에 대한 생생한 목격자들을 만났어야 옳았지요. 그러면 예수님의 아버지 하나님의 나라가 곧 예수님의 복음인 줄을 알았을 테니까요. 그런데 바울의 복음은 율법과 할례와 제사법을 실제로 지키지 않아도 지킨 것이 되는 십자가의 도였어요. 결국 그의 관심은 격변하는 시대에 있어서 유다이즘의 세계화였는지 모르겠습니다. 바울의 영은 이것을 위해 작동한 영이라고 말할 수 있는 거지요. 유다이즘의 영이 이스라엘의 회복과 구원에 관한 영이었듯이 말입니다. 바울의 영은 율법과 할례와 동물제사를 예수님의 죽음에 이입해 유대 땅을 넘어 온 세상을 하나님의 백성이 되게 하는 복음을 하나님으로부터 받은 영이며, 또한 그걸 믿지 못하는 자들을 저주하는 영인 것입니다.

"우리가 전에 말하였거니와 내가 지금 다시 말하노니 만일 누구든

지 너희의 받은 것 외에 다른 복음을 전하면 저주를 받을지어다"(갈 1: 9)

이렇게 되면 바울의 영은 바울의 꿈에도 소원인 유다이즘의 세계화에 몰입한 바울의 정신이요, 힘이요 삶이었어요. 이제 바울은 자기만의 비밀한 지식(gnosis) 창고를 갖게 되었어요. 그것은 예수님의 지상의 삶에 점검되지 않은 주관적인 깨달음과 지식과 비전이었고 신비적인 종교성에 불과한 것입니다.

내가 아는 한 신앙심 깊은 천주교인이 이렇게 말했어요. 칠십을 바라보는 그는 죽음에 대해 많은 기도를 하고 있었어요. 그러던 중 한밤중에 비몽사몽간에 꿈인지 환상인지를 꾸었어요. 높고 넓은 하늘에 성모마리아가 나타났다가 바로 똑같은 크기로 그 자리에 예수 그리스도가 나타났다가 또 그 자리에 똑같은 크기로 어디서 많이 본 듯한 얼굴의 한 사람이 나타났어요. 누구냐고 물으니까, 성 요셉이라고 대답했어요. 성 요셉은 예수님의 아버지로 천주교도들은 사람이 죽을 때 도와주는 수호성인으로 믿는대요. 그는 죽음에 대한 기도를 하면서 그가 믿어 의심치 않는 성 요셉을 꿈꾸었을 것이고. 그리고 드디어 환상 같은 꿈을 꾼 것이에요.

다메섹에서 환상으로 만난 예수님만 알기로 작정한 바울에게는 모든 것이 특히 하나님에 대한 것은 환상과 계시와 비밀한 지식으로만 알 수 있는 것이었어요.

"오직 비밀한 가운데 있는 하나님의 지혜를 말하노니 곧 감취었던 것인데… 오직 성령으로 이것을 우리에게 보이셨으니 성령은 모든 것 곧 하나님의 깊은 것이라도 통달하느니라"(고전 2:7-15)

바울은 자기의 깨달음을 성령의 계시라고 말하고 있습니다. 갈릴리의 지상의 예수님, 생전의 예수님을 형성한 영만이 성령이라고 말할 때 그 예수님의 생전을 간과하고 말하는 성령이란 말은 어불성설이 되는 것이지요. 이런 식으로 말하여지는 성령의 계시나 직통계시는 오늘날 우리 교회들의 혼란한 영적 상태를 야기한 치명적인 오류입니다. 또한 바울은 이원론자라고 볼 수 있습니다. 그의 영은 세상과 육을 멸시하는 영이지요. 바울은 이렇게 말해요.

"우리는 세상의(cosmos) 영을 받지 않고 하나님의 영을 받았으니"(고전 2:12)

"너희가 육신대로 살면 반드시 죽을 것이로되 영으로써 몸의 행실을 죽이면 살리니"(롬 8: 13)

이 때 세상의 영이란 이원론에서 말하는 세상을 창조한 저급한 신인 데미어즈(the demiurge)를 말해요.

"육에 속한 사람은 하나님의 성령의 일을 받지 아니하나니 저희에게는 미련하게 보임이요 또 깨닫지도 못하나니 이런 일은 영적으로라야 분변함이니라 신령한 자는 모든 것을 판단하나 자기는 아무에게도 판단을 받지 아니하느니라 누가 주의 마음을 알아서 주를 가르치겠느냐 그러나 우리가 그리스도의 마음을 가졌느니라"(고전 2:14-16)

이 구절을 파젤(Elaine Pagels)은 이렇게 말해요(The Gnostic Paul, Trinity Press International, Philadelpia, 1992, 59쪽) "이 구절은 영지주의 신학을 말해주고 있다. 그들이(바울의 영지성을 주장하는 신학자인 Nassenes, Basilides, and Valentinians) 주장하기를, 바울은 분명히 영적인 본질과 육적인 본질을 구분하고 있다. 바울은 육적인 존재인 데미어즈는 영적인 것들을 인식하지 못한다고 선언하고 있다. 데미어즈는 어리석고, 자기가 세상을 만들었다는 것을 상상하고 생각하는 이해력이 부족하다. 자기의 창조의 행위 원인이 지혜(sophia, the Mother)라는 것을 모른다. 데미어즈와 같이 육의 사람들은 오직 세상의 영을 받았기 때문에 결국 영적인 실재를 이해할 수가 없다. 다만 택한 자들만 즉 영적 지식(gnosis)을 아는 자만 주의 마음을 알 수가 있으며, 그들만이 그리스도의 마음을 가진 자들이다."

그러나 바울이 아무리 그걸 비밀한 신비한 지식이라고 말을 할지라도 바울의 영은 자기의 신학을 아는 지식이에요. 그리고 그 영은 자기의 예수님을 만나는 바울의 방식이고요. 자기의 신학을 뒷받침해 주고 끌고 나가는 그의 생각이에요. 바울도 영이라는 단어를 '−를 아는 힘 또는 지식' 이라는 말로 사용하기도 했어요.

> "사람의 사정을 사람의 속에 있는 영외에는 누가 알리요 이와 같이 하나님의 사정도 하나님의 영외에는 아무도 알지 못하느니라"(고전 2:11)

바울의 영은 영적 지식을 아는 것이에요. 그런데 그 영적인 지식이란 사실 은유적 깨달음입니다. 그는 그것을 신비한 지식이라고 말합니다. 할례와 율법을 통하지 않고 하나님의 가족이 된다는 신유대주의적인 구원을 깨닫는 지식이지요. 이 신비한 지식에 예수님의 육신적인 삶은 필요가 없지요. 오직 필요한 것은 죽음이에요. 할례와 율법의 저주를 성취할 신비한 죽음인 겁니다. 바울의 영의 예수님은 신비한 예수님이에요. 역사의 그때 그 갈릴리의 생전의 예수님이 아니에요. 그 예수님은 한 역사의 정점에 하나님을 보여주시며 살았던 그 예수님이 이미 아니에요. 기독교의 역사가 진행되면서 켜에 켜가 덧입혀지며 바울의 신비의 예수님과 역사의 예수님의 모습은 서로 알아볼 수가 없도록 변해 버린 거에요. 그때 그 예수인 나사렛 갈릴리의 예수님은 신앙의 예수님으로 다시 태어난 결과가 된 것입니다.

그러니 바울의 영은 역사의 예수님을 아는 통로는 될 수가 없습니다. 고린도 교회를 봐요. 예수님의 삶보다는 종교적 신비한 현상들 때문에 시끄러웠지요. 바울도 이 모든 것들이 교회의 덕을 위하지 않으면 무용하다고 했을 정도였습니다. 대부분 이런 현상들은 신비종교일수록 더 심하고 강해요. 이러한 현상들을 성령, 갈릴리 예수님의 영이라고 볼 수가 있을까요? 앉은 자리에서 눈 감고 그 어떤 신앙에 몰입하면 환희와 자기도취와 자기만족과 자기 위로와 자기 확신을 갖다주는 그런 것들을 예수님의 성령이라고 말할 수 있나요? 바울은 뒤늦게 고린도 전서 13장을 내놓고 있어요. 사실은 바울의 주된 생각이라기보다는 예수님의 것을 표절한 것으로 학자들은 말하고 있지요. 아무튼 바울의 영지적인 교회에서 야기된 영적인 혼란을 잠재우는 최선책이었겠지요. 그러나 바울의 영지성과 신비성이 강력하게 영향력을 행사하는 한 교회는 예수님의 성령과 바울의 영이 뒤죽박죽 얽혀있는 사슬에서 벗어나기는 쉬워 보이지 않습니다.

열한 번째 메일

성령은 갈릴리 예수님의 영(the spirit)이에요

긴긴 지루한 얘기를 들어 주셔서 고맙습니다. 조금만 더 들어 주시기를 바라며 조금만 더 계속하겠습니다. 어떤 부부가 타이타닉호를 타려고 표 두 장을 샀었는데 무슨 일 때문에 승선하지 않았대요. 타이타닉호는 침몰했으니, 그들은 죽을 뻔했던 것이지요. 그들은 그 표 두 장을, 액자를 해서 벽에 걸었답니다. 그리고 그 밑에 이렇게 썼대요.

〈하나님이 우리를 사랑하시는 증거〉

어느 날 한 지인이 방문을 했대요. 타이타닉호에서 친척을 잃은 사람이었어요. 그 문구를 보더니 이렇게 말하더래요. 이 문구는 잘못되었습니다. 이렇게 써야 될 것 같습니다.

〈하나님의 절대주권에 대한 증거〉

이스라엘만 사랑하시는 구약의 유다이즘의 영이 척박한 사막에서 유랑하는 유목민을 살아갈 수 있도록 강한 의식을 고취시키는 것은 참으로 긍정적인 측면이지요. 그리고 영지적인 알레고리로 유다이즘을 세계화하려는 바울의 영이 이스라엘만의 하나님을 인류의 하나님이 되도록 한 것도 긍정적이고요. 그렇지만 반면에 이기적이고 독선적인 신앙의 형태와 혼잡한 신비주의를 양산한 것은 불행한 결과라고 생각이 됩니다. 이런 결과로 생긴 이기적이고 신비주의적인 신앙의 형태는 많은 기독교인을 열정적인 교인이나 신앙인들이 되게는 했지만, 그들의 삶을 예수님의 것으로 변하게는 하지 못했습니다. 예수님의 영은 삶의 영이기 때문입니다. 예수님 자신도 하나님은 산 자의 것이지 죽은 자의 것이 아니라고 했듯이 말입니다. 예수님의 영은 이 땅을 살아가는 예수님의 방식을 수행하도록 하는 힘, 의지, 뜻, 정신, 목적을 통칭하는 용어입니다. 갈릴리 역사의 예수가 그렇게 생각하고, 그렇게 꿈을 꾸고, 그렇게 살았던 바로 그 하나님 나라를 사는 방식의 원천이 예수님의 영이라는 말입니다. 예수님의 삶의 내용과 그분의 영은 결코 불가분입니다. 이원론적인 개념이 아니고 영육의 통전적인 개념이지요.

갈릴리 예수님의 영은 하나님이 아버지가 되는 영이고, 인류가 아버지 하나님 앞에서 자녀가 되는 영입니다. 모든 인류는 한 아버지를 두고 상생과 공생하는 영입니다. 아버지와 자녀라는 관계 앞에 모든 인종과 종교와 율법과 전통들은 절대적 가치를 잃게 됩니다. 비록 모양이 다르더라도 모든 것은 이해되고 용서되고 받아들일 수 있고 양보할 수 있는 상대적인 것들이라는 말입니다. 이 세상에 최종 남는 것은 아버지와 자녀뿐이라는 거지요. 아버지만 할 수 있는 자녀를 향한 조건 없는 용서와 사랑 그리고 그 아버지 사랑에 대한 자녀들의 절대적 신뢰만 있는 아버지 하나님의 나라를 이루는 영이지요.

요한복음의 예수님은 자신의 생각과 행위를 두고 말하기를, 아버지에게서 본 대로 하는 것이고, 아버지에게서 온 자만이 본 것을 할 수 있다고 합니다. 이 말에서 예수님이 신이다 아니다 그런 논제를 끌어내기보다는 예수님이 생전에 한 생각과 말과 행위를 포함하는 예수님의 삶은 하나님의 모습이고, 하나님의 뜻이라는 말이지요. 하나님은 인간 예수님의 삶을 통하여 당신의 모든 것을 보이신 것입니다. 하나님을 아버지로 계시하도록 예수님을 살게 한 것은 예수님의 정신(spirit ; pneuma)이고 그것이 바로 예수님의 영(spirit :pneuma)인 것입니다. 정신과 영은 둘 다 헬라어로 푸뉴마(pneuma)랍니다.

그런데 특이한 것이 있어요. 복음서를 읽다가 보면 유독 예수님이 세상에 처음 등장할 때에 성령이 출현을 한다는 거예요. 전에도 말했던가요, 마태와 누가가 성령 잉태를 말하고, 마가와 요한은 성령세례를 말하는데, 그 맥락은 같은 거예요. 예수님이 어떠한 삶을 살 것인가에 대한 암시로 보이지만, 복음서가 예수님의 사후에 써진 것들임을 감안하면 예수님의 지상의 삶이 어떠했던 가에 대한 증언이라고 봐야 될 것입니다. 즉 성령은 예수님의 삶의 특징을 말해주는 말이라는 거지요. 보그(M. Borg)는 이런 예수님을 유다이즘의 영의 전통(선지자, 지혜자 전통)에서 말하고 있지만, 예수님은 이스라엘의 마지막 선지자가 아닙니다. 예수님에게 와서 이스라엘에 관한 모든 것은 끝났고, 더 이상 이스라엘만의 승리를 예언하지도, 이스라엘만의 하나님 야훼를 계시하지도 않기 때문이지요. 예수님이 지상의 삶을 통해서 계시한 것은 선민 이스라엘의 승리하게 하는 야훼 하나님이 아니라 전 인류를 똑같이 사랑하고 구원하는 아버지 하나님인 것입니다. 갈릴리의 예수님은 자신의 삶을 시작으로 하나님 나라의 알파와 오메가의 시대를 연 것이었어요. 최초의 복음서인 마가복음이 역사의 예수님의 시작을 요단강 세례의 성령임재로 말하고 있는 것은 유다이즘의 영의 전통의 맥락을 이으려는 것이 아니라 끊으려는 것이고, 새 시대의 개막을 선포하려는 것입니다..

이런 새 시대가 도래한 것을 선포하기 위해서 마가는 유대력의 신년인 로쉬 하샤나 절기에 읽기를 시작할 수 있도록 복음서를 썼어요.(John Shelby

Spong, Liberating the Gospels, 67-118쪽, HarperSanFrancisco, 1996) 성령의 예수님은 인류 공생의 구원의 새 나라, 새 시대를 연 것이지요. 예수님의 공생하는 아버지 하나님 나라를 바실레이아(Bssileia)라고 한답니다. 조건 없는 아버지의 사랑 속에서, 조건 없는 아들의 신뢰로 이루어지는 아버지의 나라이지요. 이 나라에서는 사랑보다 우선하는 그 어떤 조건들은 없어요. 예수님은 그런 하나님 나라를 두고 이렇게 말했어요.

"여자가 난 중에서 요한보다 큰 이가 없다 그러나 이 천국(바실레이아)에서 가장 작은 자는 요한보다 큰 자다."

그러면 예수님을 예수님 되게 한 것 즉 나사렛 역사의 예수님을 갈릴리의 하나님 나라의 예수님이 되게 한 그 영은 어떤 모습이었을까요. Borg는 이렇게 말해요. "The particular quality of that love is seen above all in the compassion which we see in the historical Jesus. It is the compassion which moved him to touch lepers, to heal on the sabbath, to see in the ostracized members of the human community 'children of God,' and to risk his life for the sake of saving his people from a future which he could see and they could not."(Jesus a New Vision, HarperSanFrancisco, U.S.A 1987, 192쪽) 〈그런 특별한 종류의 사랑은 역사의 예수님이 보여 준 긍휼에서 볼 수 있다. 그 긍휼은 그로 하여금 문둥병자를 만질 수 있게 하고, 안식일에 병을 고치게 하고, 인간 사회에서 배척당한 사람들을 하나님의 자녀로 볼 수 있게 하고, 자기는 볼 수 있으나 사람들은 볼 수 없는 미래로부터 자기의 백성을 구원하기 위해서 위험을 감수할 수 있게 하였다.〉

여기서 한 번 더 비교할 것이 있어요. 바울의 세계성과 예수님의 세계성이지요. 바울은 예수님이 죄를 대신 지고 죽었다는 것을 믿는 영적인 신비한 제사를 통해 이방인들도 하나님의 자녀가 된다고 했잖아요. 그런데 보세요, 예수님은 어떤가요. 예수님은 긍휼만이 모든 장애들을 거두어 낼 수 있다고 말하고 있지 않나요. 바울은 전 인류가 하나님의 가족이 되는 조건이자 방해가 되었던 유대교의 율법 행위를 대속제사로 풀었지만, 예수님은 긍휼로 풀었어요.

이미 이천 년 전 예수님은 유대교의 독선과 아집과 편협을 알아차렸어요. 이스라엘의 야훼 하나님이 아닌 아버지 하나님만이 인류가 공생할 수 있는 길을 여신다는 것을 알았던 것이지요. 그 어느 종교나, 교리나, 이념이나, 혹은 그 어느 제국도 공생의 구원을 갖다주지 못한다는 것을 알았어요. 그것들은 마치 유대교가 이스라엘의 하나님, 야훼를 갖고 있는 것처럼 저마다 신에 버금가는 이름을 갖고 구원을 외치고 있지만 전쟁과 싸움만 불러일으키고, 공생하는 구원에 해악을 끼칠 뿐이라는 것을 예수님은 진작 알았던 것이지요. 예수님에게 있어서 구원은 인류 전체에게 적용되어야 했지요.

> "하나님이 세상(cosmos)을 이처럼 사랑하사 독생자를 주셨으니 이는 저를 믿는 자마다 멸망치 않고 영생을 얻게 하려하심이라"(요 3:16)

예수님에게 있어서 구원은 하나님을 아버지로 아는 것과 인류가 서로 상생하고 공생하는 것이었지요. 그 방식은 조건 없는 사랑이고요.

집사님, 난 또 한 번 잔소리를 하지 않을 수 없네요. 성령이 예수님의 영이라는 말을 집사님이 잘 모르실 것 같아서 하는 말이지요. 참기름에 가짜가 많다 보니 순 참기름, 진짜 참기름, 진짜 순 참기름이라고 진짜임을 나타내는 수식어가 덕지덕지 붙게 됩니다. 마찬가지로 성령도 마찬가지예요. 성령에 가짜가 하도 많으니 이렇게 잔소리가 심해지네요. 한마디로 성령님은 예수님이 사람으로 살아있었을 때 가졌던 생각과 말과 행동과 꿈과 목적을 포함하는 생애의 모습을 만들고 결정한 정신(영; pneuma)이라는 말입니다. 그러니 성령을 받았다거나, 성령이 충만하다거나, 성령의 사람이라거나, 성령으로 말한다거나 하며 성령을 들먹거리며 하는 말들이나 행동이나 신앙들의 목적은 오직 그때 그 예수님의 삶의 내용과 관계가 있어야 한다는 것입니다. 그 성령은 우리에게 예수님으로의 인격의 변화, 삶의 목적의 변화, 가치관의 변화를 가져다주어야 할 것이란 말입니다. 오직 그것을 위해서만 외쳐져야 한다는 말입니다. 예수님을 따라 하나님 나라를 이루려는 정신과 뜻과 목적과 열정과 힘과 의지가 없이 성령의 임재를 갈구하는 것은 잘못된 것입니다.

집사님이나 교회가 성령에 대해 무엇을 혼돈하고 있는지를 나는 알고 있습니다. 오순절 다락방에 나타난 신비한 현상은 교회로 하여금 성령에 대해서 오해를 하게 한 요인이 되었지요. 그 현상과 성령과의 관계를 명확히 해명하지 않으면 교회와 기독교는 예수님의 성령을 영원히 놓쳐버릴 위험에 처해 있습니다. 오순절 다락방에 모였던 제자들의 영은 제자도(discipleship)의 영이지요. 이 제자도의 영은 분명히 예수님의 성령이라고 볼 수 있습니다. 왜냐하면 그들은 갈릴리 예수님을 따르던 자들이고 예수님의 하나님 나라를 듣고 보고 따랐던 사람들이고, 그리고 계속 그렇게 따르기를 원했던 사람들이니까요. 그러나 그 기이한 현상 자체를 성령이라고 보아서는 안 된다는 것입니다. 집사님이나 교회의 혼돈은 거기서 기인한 것입니다. 그 기이한 현상 속에 들어 있는 제자도의 영 즉 예수님의 성령에 접근하지 못하는 것이지요. 그 현상에만 집착한 나머지 성령의 본질인 예수님의 삶을 따르려는 변화는 없어지고 만 것이지요. 그만 성령이 그 기이한 신비로운 현상을 말하는 용어가 되어 버린 겁니다.

그들은 제자도의 영을 가지고 모였습니다. 핍박을 피해 모였지요. 아무래도 예수님을 따르면서 보고 들었던 하나님 나라의 복음을 버릴 수가 없었을 뿐만 아니라, 목숨을 다해서라도 그렇게 살고, 그 예수님의 복음을 전하여야 했기 때문입니다. 그 제자들은 예수님의 삶과 그 삶이 자아낸 하나님 나라의 감격과 그 영원성을 알고 믿었기 때문이지요. 그래서 예수님을 따를 것을 다짐하며 전심으로 기도를 한 것입니다. 마치 예수님이 인간의 사랑 구원을 목숨을 걸고 염원한 것처럼, 예수님의 제자들도 순교를 각오했던 것입니다. 땅끝까지 예수님의 사랑 구원의 복음을 전할 각오를 했지요. 그리고 그 염원이, 그 확신과 열정이 뜨거운 불을 경험하게 한 것입니다.

이것에 대한 이해를 돕기 위해 저의 경험을 하나 이야기하겠어요. 어릴 적 짝사랑에 빠졌을 때예요. 무엇을 하던 열정적인 나는 사랑에도 열정적이었답니다. 너무나 보고 싶은 나머지 그가 지나가는 골목에 서 있었어요. 시간은 다가오고 있었지요. 거부당할까 두렵기도 하고 자존심이 상하기도 하여 가슴이 막 뛰더라고요. 그런데 갑자기 속에서 솟구친 것 같기도 하고, 어디서 파고들어 온 것 같기도 한 듯한 무시무시한 추위가 엄습했어요. 온몸이 사시나무 떨듯 덜덜덜 떨리고 이가 딱딱 부딪혔어요. 심장이 조여 오고, 온몸을 가눌 수가 없었습니다. 길가의 나무를 붙잡고 그만 땅에 주저앉고 말았어요. 온몸에 소름이 끼치고, 손과 발이 얼음장처럼 차갑던 그때의 그 이상한 추위가 무엇인지 아직도 모른답니다. 아마 그 불안과 두려움이 뇌세포의 어느 부분을 쪼그라뜨렸거나 확장했거나 변형을 했거나 해서 그런 반응이 나왔을 것 같아요.

또 나는 기도를 하다 보면 때로 방언이나 손에 흔들림 현상이 오곤 한답니다. 특히 손에 오는 흔들림에서는 무슨 기운 같은 것이 손에 커다랗게 붙어 있는 것을 느껴요. 마치 솜방망이가 둘러싸여 있는 것처럼 말이에요. 나의 열망과 소원과 그리고 하나님을 향한 일념의 결과입니다. 이런 것들을 통해서 위로나 아버지 하나님의 사랑의 확신 같은 것을 얻는 것은 사실이지만 그렇다고 그걸 예수님의 성령이라고는 말할 수는 없지요. 왜냐하면 다른 신앙들에게서도 종종 이런 현상들은 일어나는 것들이고 더욱 이기적이고 신비적인 신앙들에게서는 오히려 더 강력하기 때문이지요.(사도 바울이나 오순절 다락방의 제자들이나 저나 각자의 영들에게 나타난 현상들도) 그러나 무엇보다도 그런 경험이 예수님의 삶을 따르는 일에는 지속적으로 영향을 미치지 못한다는 것이에요. 예수님을 따른다는 것은 오히려 감정이나 신비적 경험에서 오는 것보다는 날마다 예수님을 따르는 것에 대한 끊임없는 열망과 의지적인 결단이 요구되는 것이니까요. 성령은 예수님의 지상의 것들을 생각나게 하는 영이라고 요한복음은 말하고 있는 걸 보아 그 신비한 경험은 한시적이고 개인적이고 주관적인 경험일 뿐이며, 예수님의 인격으로 하나님 나라를 살며 이루어나가는 일에는 크게 소용이 없기 때문입니다. 그런데 대부분의 교회는 그런 경험들을 성령의 역사라고 말하면서, 예수님을 닮아가는 노력과 의지는 저버린 채, 사회에 대한 책임과 공생과 공영과 공존에 대한 정의 따위엔 관심도 없이 이기적이고 종교적인 신비적 황홀경에만 빠져들어 가고 있으니 참으로 안타까울 따름입니다. 강조 하건데 예수님의 성령은 예수님의 인격과 불가분의 영입니다.

  이름이 '큰 믿음교회'라는 교회가 주변을 혼돈시키고 있다고 해요. 예언과 신유가 강하게 나타난다고 하여 사람들과 기존의 교인들이 쏠려 들어가고 있답니다. 팀 사역이라는 명목으로 신유담당 사역자, 예언담당 사역자 운운하며 분담하여 점 같은 예언을 하고 굿 같은 종교적 해리현상을 자행하고 있다고 합니다. 인근의 상당히 큰 교회에서 시무하는 친구가 걱정을 하더라고요. 자기네 교회의 청년들이 예언을 받으러 기웃댄다고 합니다. 취직이 잘 안되거나, 미래가 불투명하고 불안한 청년들일수록 그렇다는 것입니다. 더 심각한 것은 자기네 교회 한 덕망 있는 장로가 그 교회는 사도신경적(?)인 역사가 일어나는 것 같다고 했다는 것입니다. 오순절 다락방의 현상이 곧 성령이라고 하는 지식이 이렇게 교회를 어지럽힌 겁니다.

교회는 이천 년 동안 무엇을 향해 달려왔나요? 계속 그렇게 달려갈 것인가요? 극도로 개인적이고 이기적이고 세속적인 열망을 향해 질주하는 이 교회들을 어떻게 붙잡을 수 있나요? 세상에 대하여 겸손히 인내하며 아버지 하나님의 사랑을 구하는 자녀다운 품위는 다 어디다 두고, 하나님의 섭리와 뜻을 훔치고 싶은 욕망과 욕심과 오만과 경거망동에 부응하여 교회라는 이름으로 사기단들이 공갈, 협박, 거짓, 속임수로 날뛰고 있는 이 무지를 어떻게 추슬러야 하나요? 집사님, 이 일을 위해 지루한 고민과 연구를 놓지 말아야 합니다.

오순절 다락방에서 일어난 현상을 다시 한번 들여다봐요. 제자들은 핍박을 받아 다락방에 한데 모인 겁니다. 아까도 말했듯이 제자도의 열망이 뜨거운 불로 나타난 거예요. 그들에게 불같은 뜨거움이 솟구쳤지요. 성경은 그들 위에 임하였다라고 말하고 있어요. 성경은 의학 서적이 아니고 신적인 영역을 말하는 모든 것을 위엣 것으로 말하는 신앙 서적이니까 얼마든지 그렇게 표현할 수 있습니다.(행 2:1-4). 그러나 그 신비적인 현상을 곧 성령의 역사라고 말해서는 안 된다는 말입니다. 그때 실제로 성령은 그 모인 자들이 가진 제자도이지 현상이 아닙니다. 하나님 나라를 향한 갈릴리 예수님의 전 인격을 따라 닮아가도록 부추기는 힘과 능력이 성령이기 때문이지요.

"하나님이 나사렛 예수에게 성령과 능력을 기름 붓 듯 하셨으매 저가 두루 다니며 착한 일을 행하시고 마귀에게 눌린 모든 자를 고치셨으니 이는 하나님이 함께하셨음이라… 우리를 명하사 백성에게 전도하게 하되"(행 10:38-42)

"내가 천국 열쇠를 네게 주리니 네가 땅에서 무엇이든지 매면 하늘에서도 매일 것이요 네가 땅에서 무엇이든지 풀면 하늘에서도 풀리리라"(마 16:19)

삶이라는 그릇에 우리는 무엇을 담나요. 우리의 영을 어디에 활짝 열어 놓는가요. 제자들은 자기들이 보고, 듣고, 함께한 예수님의 삶에 자기들의 삶을 전적으로 열었던 것이지요. 그리고 뜨거워졌어요. 중요한 것은 무엇 때문에 뜨거워졌는가 하는 것입니다. 그러니 그들에게 그 뜨거움은 예수님의 사람들이라는 증거가 되겠지요. 만약 증오와 복수로 인하여 뜨거워졌으면 불은 불이지만 오순절 다락방의 불은 아니라는 말입니다. 요한은 성령을 두고 이렇게 말하고 있어요.

"그(성령)가 내(예수) 영광을 나타내리니 내 것을 가지고 너희에게 알리겠음이니라"(요 16:14)

영이라고 다 성령이 아닙니다. 예수님의 영만 성령입니다. 그리고 종교적, 신앙적, 신비적인 고백, 예배와 찬양과 기도, 치유, 예언, 교리, 신념 그리고 각종 행사와 경험들이 비록 예수님의 이름으로 행해진다고 할지라도 예수님의 하나님 나라의 인격과 삶에 부합하지 않는다면 그것은 성령에 의

한 것이 아닙니다. 이천 년 전에 지상에 살았던 그때 그 예수님을 하나님 나라 인격으로 살게 한 영이 성령이니까요. 그때 그 예수님의 인격으로 살게 할 수 없는 영은 성령이 아닙니다.

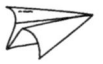

열두 번째 메일

예수님에게 정직하게 다가가기

집사님, 벌써 2월이에요. 일 년 열두 달 중에서 벌써 두 개가 이지러지고 있다니까요. 오래전 신문 첫 장에 영국의 엘리자베스 여왕의 사진이 두 개가 나란히 실렸었어요. 아주 크게요. 왼쪽에는 즉위한 이듬해에 왕관을 쓴 이십칠 세의 여왕이고요, 오른쪽에는 팔십오 세의 모자 쓴 여왕이에요. 앳된 여왕 사진 속에는 어느새 그 나이의 내가 들어가 있고, 모자를 쓴 할머니 여왕 속에는 세월의 내가 들어가 있네요. 신문은 〈믿기지 않는 세월〉이라고 쓰고 있어요. 그래요 요즘은 마무리에 대해서 자꾸 생각이 드네요. 우리 나이가 그 마무리 세월로 들어가 있네요.

그런데 백세 시대를 생각해 보면 이 마무리 세월은 긴 시간이에요. 요즘 사람들은 그래서 두 세상을 살게 된다고 말을 합니다. 대개의 사람들은 남아 있는 세월에 그간 살아 보고 싶었던 삶을 살고 싶어 하지요. 마무리의 시간은 오히려 끝이 아니라 시작이 되었어요. 나에게 있어서 마무리는 나이를 두고 말하는 것만은 아닙니다. 얼떨결에 받아들인 전통대로, 편견대로, 고정관념대로 살아온 것을 거절하는 용기를 말해요. 본질을 정직하게 대면하는 것이고, 솔직하게 생각하고 행동하는 태도를 말하는 거예요. 나의 이 태도는 우선 나에게 신앙의 주 예수 그리스도가 되기 이전의 한 유대 청년 나사렛 예수에게 정직하게 다가가는 일입니다. (Jesus before Christ) 그가 생전에 발휘한 용기의 원천인 자유 -처음과 끝, 알파와 오메가이신 하나님에게만 있는 그 완전한 자유-로 인해 갈릴리에서 만인의 복음이 되고, 하나님의 아들로 일컬음을 받은(눅 1:35 "… 이러므로 나실바 거룩한 자는 하나님의 아들이라 일컬으리라"(to be called the Son of God), 유대의 산꼭대기 마을 나사렛의 한 청년, 역사의 한 정점에서 살았던 사람 예수에게 정직하게 다가가 그렇게 사는 일입니다.(Honest to Jesus)

어떻게 유대인 청년 예수는 하나님의 아들이라 일컬음을 받았는가. 마태와 누가는 동정녀 탄생으로, 요한은 성육신으로, 마가는 예수님이 세례를 받을 때 하나님이 사랑하는 내 아들이라고 말해 줬다고 기록하고 있고 바울은 부활하심으로 하나님의 아들로 인정됐다고 기록하고 있습니다. 존 쉘비 스퐁은 그런 전통적인 기독교 교리의 의미로 말하는 것은 아니지만 자기는 하나님을 역사의 한 정점에서 실제로 살았던 예수라는 사람에게서 만났다고 말하고 있습니다.(I met God in the person of Jesus. Jesus for the Non-Religious 214쪽). 물론 스퐁의 하나님과 나의 유일신 하나님은 다소 차이가 있는 이미지이지만 아무튼 갈릴리의 사람 예수에게서 하나님의 신성을 보았다는 말입니다. 예수님도 하나님의 아들이라고 직접 말을 한 적은 없으나 하나님을 아버지라고 불렀습니다. 복음서 기자들이나 바울이나 스퐁이나 각자 그 사용하는 말들은(wording) 다를지라도 사람 예수님이 세상에 살면서 알파와 오메가적으로 발휘한 신적인 속성을 말하고 있는 것입니다.

누가복음은 예수님이 갈릴리의 하나님 나라 사역을 시작하기 전 광야의 시험을 말하고 있습니다. 곧 시작할 하나님 나라 복음 사역에 절대적인 힘이 될 예수님이 가진 자유에 대한 확인이며 확증이고 선언인 것입니다. 아버지 하나님 이외에는 그 어떤 것도 예배의 대상이 되지 않는 자유 - 떡도, 부귀영화 권세도, 그 어떤 신앙도 우상이 되어 얽어맬 수 없는 절대 자유 - 갈릴리 예수님의 자유였고 하나님 나라의 영생인 것입니다.

떡 - 사람이 떡으로만 살 것이 아니라(눅 4:4)
부귀영화권세 - 하나님께 경배하고 다만 그를 섬기라(눅 4:8)
신앙 - 하나님을 시험치 말라(눅 4:12)

요한복음은 이렇게 기록하고 있습니다.

"너희가 내 말에 거하면 참 내 제자가 되고 진리를 알지니 진리가
너희를 자유케 하리라."(요 8:31-32)

예수님은 여기서 숨이 가쁘게 몰아치면서 말하고 있습니다. 아버지의 자유가 곧 자기의 자유고 자기의 자유가 곧 우리의 자유라고.

"그러므로 아들이 너희를 자유케 하면 너희가 참으로 자유하니라
나는 내 아버지에게서 본 것을 말하고"(요 8:36,37)

"아버지께 들은 진리를 저희에게 말 한 사람을 죽이려 하는도
다"(요 8:40)

예수라 이름하는 팔레스타인의 작은 산동네 마을 나사렛의 한 청년의 자유는 무엇이었을까요. 하나님과 사람을 묶임에서 풀어 주는 일이었습니다. 예루살렘 성전에 갇힌 하나님과 권위자들의 이익을 위해 해석되고 파생되어 율법에 율법을 생산한 유대교의 헤아릴 수 없이 세분화된 율법(당시 613개 조항)과 전통의 사슬에 묶인 사람들을 구출해 내는 일이었습니다. 이스라엘 민족의 야훼가 아니라 모든 민족에게 사랑의 아버지가 되는 것을 알리는 일

이었습니다. 이 일은 유대인들에게 신성모독이 된 동시에 로마 제국에게는 반역 행위로 비쳤는데 유대인들이 예수님에게 죄를 정하려고 로마 당국에 고소한 죄목으로 이용한 것이기도 합니다.

예수님에게 하나님은 유대교의 민족적인 이기적 횡포와 로마제국의 팍스 로마나의 오만에 갇힐 수 없는 만인의 아버지였고 사랑의 아버지였습니다. 그런 아버지가 다스리는 나라가 예수님의 하나님 나라인 것입니다. 이스라엘이 오리라고 고대하던 그 하나님 나라와 예수님의 하나님 나라의 내용은 꼭 같지는 않습니다. 이스라엘의 하나님 나라는 종말론적인 선민의식에서 이해해야 하며, 예수님의 하나님 나라는 범세계적이고 초법적인 나라로 하나님의 아버지 사랑으로 이해해야 할 것입니다. 예수님의 자유의 눈은 지켜질 수 없는 율법 조항들로 묶여 있는 하늘 아버지의 자녀들을 보았고, 하늘 아버지의 안타까운 눈물을 보았습니다. 그리고 하늘 아버지가 진정으로 원하는 것이 무엇인지를 보았습니다. 예수님의 하나님 나라가 어떤 나라인지 알 수 있는 성경 몇 구절을 참조해 보겠습니다.

마 11:28은 유진 피터슨의 메시지 성경을 참조하겠습니다. 우리말 성경은 "수고하고 무거운 짐 진 자들아 다 내게로 오라 내가 너희를 쉬게 하리라. 나는 마음이 온유하고 겸손하니 나의 멍에를 메고 내게 배우라 그러면 너희 마음이 쉼을 얻으리니 이는 내 멍에는 쉽고 내 짐은 가벼움이라 하시니라"라고 되었어요. 그런데 유진 피터슨은 "수고하고 무거운 짐"을 "지키느라 지친 종교(유대교)"로 번역하고 있습니다. 내용에 가까이 가기 위해서 직역을 하겠습니다.

"Are you tired? Worn out? Burned out on religion?

Come to me. Get away with me and you will recover your life.
I'll show you how to take a real rest. Walk with me and work
with me-watch how I do it. Learn the unforced rhythms of
grace.
I won't lay anything heavy or ill-fitting on you. Keep company
with me and you'll learn to live freely and lightly."

"피곤해요? 지쳤나요? 종교(유대교 ; 역자 주)에 녹초가 됐나요?
내게로 오세요. 나랑 거기서 떠나요 그러면 그대의 삶은 회복될 거예요.
참 쉼을 어떻게 갖는지를 보여줄게요. 나랑 걷고 나랑 일해요.
내가 어떻게 쉬는지를 봐요. 은혜의 자연스런 리듬을 배워요.
나는 어떤 무거운 것도 혹은 맞지 않는 어떤 것도 짐 지우지 않아요.
나와 사귀어요 그러면 자유롭고 가볍게 사는 것을 배우게 될 거예요".

누가는 누가복음 4장 18절에서 예수님이 광야의 시험을 마치고 나사렛의 회당에서 아버지 하나님의 애타는 눈물이 어떤 것인지를 이사야서 61장 1절을 인용하여 기록하고 있습니다.

"주의 성령이 내게 임하였으니 이는 가난한 자에게 복음을 전하게 하시려고 내게 기름을 부으시고 나를 보내사 포로 된 자에게 자유를, 눈 먼 자에게 다시 보게 함을 전파하여 눌린 자를 자유케 하고"

집사님, 나의 메일들은 마무리 세월을 보낼 나의 매뉴얼이 될 것입니다. 이 매뉴얼의 준거는 유대 청년으로 나사렛에서 낳고 갈릴리에서 설파하고 그렇게 살았던 예수님의 생전의 삶에 있기 때문입니다. 따라서 나의 마무리 시간은 유대교에 정직하게 다가섰던 역사의 예수님을 따라 유대교적으로 기울어진 기독교에 정직하게 다가서는 삶이 될 것입니다. 그러기 위해서는 신앙이라는 이름으로 무작정, 무작위로 받아들였던 기독교의 가치관과 개념과 그 용어들에 학문적이고 양심적인 비평을 하는 것입니다. 그건 우선 신앙의 예수님에게서 역사의 예수님을 찾아내는 일인데. 이천 년의 세월 동안 그때 그 갈릴리의 예수님을 겹겹이 덮어온 커들을 벗겨 내는 일입니다. 참으로 어렵고 거의 불가능하게 여겨지는 일입니다. 앞으로 보낼 메일들에서 간단하게라도 이야기될 것이지만 비평학들 즉 역사비평, 문헌비평, 편집비평, 문학비평, 양식비평과 고고학, 문화 인류학 등의 학문적 도구들이 이루어 낸 성과는 적어도 우리를 그때 그 갈릴리의 예수님 앞에 솔직하고 정직하게 다가가게 한 건 사실입니다.

2부

사람 예수님을 좇아

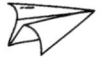

열세 번째 메일

생의 한가운데를 걸으며

집사님, 너무 오랜 시간이 지났네요. 성큼 봄이 다가왔어요. 사람들은 벌써 봄꽃 놀이를 갈 날짜를 정하느라 달력을 뒤적이고 있어요. 날 아는 몇몇 친구들은 봄 하면 곧 내가 떠오른다고 해요. 서둘러 겨울옷을 벗어 던지고 앞질러 얇은 봄옷을 챙겨 입어 눈 부신 햇살 속에서도 나는 누구보다 더 꽃샘추위에 시달리곤 했지요. 그런데 올봄은 서글퍼져요. 오래된 일이지만 형부가 꽃샘추위를 무시하고 외출해서 돌아와서 급성 심근경색으로 단 몇 분만에 돌아가신 것과 올 꽃샘추위에는 내가 독감으로 졸도했던 일들이 현란한 봄 햇살을 무슨 속임수로 여기게 하네요. 꽃망울 앞에선 늘 두근거리던 가슴이 올해는 그만 싸늘해집니다. 호들갑을 떨면서 환호했던 새 생명들의 입성을 물끄러미 바라만 보고 있게 되네요. 전도서를 읽어 봅니다. 솜털처럼 가벼운 이 땅의 생명과 삶에 참으로 영원한 가치는 있는 것인지요.

독감으로 누워 덧없이 가버릴 봄의 잔치를 안타까워하며 갈릴리의 예수님을 생각했습니다. 그는 어떻게 그 나라를 볼 수 있었는지. 솜털처럼 가볍고 덧없이 가버릴 이 세상 속에서 조용히 꿈틀거리며, 자라며 죽지 않는 그 하나님 나라, 천국을 어떻게 볼 수 있었을까요. 벅차고 힘들었을, 본인의 생존 이외에는 다른 생각이 들어 올 수 없었을 극한의 위협과 위험 속에서 맛깔나고 살맛 나는 힘찬 세상을, 놓칠 수 없고 놓쳐지지 않는 생명의 세상을 어떻게 들여다볼 수 있었을까요? 한 친구한테 이렇게 말했더니 그 친구 왈,

유전인자가 달라서 그랬을 거라네요. 마태도 그래서 동정녀 탄생을 말했을까요. 우리와는 다른 신적인 유전인자를 가져서 그렇게 살 수 있었다고 하면 바로 정답일까요.

마태복음과 누가복음에 인용된 어떤 문구들은 자귀나 순서에 있어서 서로 똑같은 것들이 상당히 있어요. 두 복음서의 공동 자료였겠지요. 자귀의 순서가 똑같은 것으로 보아서 구전이 아니고 문서였을 것으로 추정되고 있습니다. 그걸 Q라고 지칭하는데 복음서의 자료로 사용된 원자료 중 하나라고 말합니다. Q 이외에 복음서의 공동 자료가 된 또 하나의 자료가 있는데 복음서 중 제일 먼저 써진 마가복음입니다. 그런데 이상한 것은 원자료인 Q나 마가복음에는 동정녀 탄생이 기록되어 있지 않다는 겁니다. 그렇지만 그 원자료들을 사용한 마태나 누가복음에 동정녀 탄생 설화가 있는 것을 보면 그들은 동정녀 탄생 기록이 없는 원자료들의 예수님과 그가 펼치는 하나님 나라의 영원성에 압도되었었나 봅니다. 그런 그들이 그런 예수님을 기술할 때 당연히 히브리인들의 토라의 해석법인 미드라쉬를 사용하였다고 볼 수 있습니다. 마태나 누가뿐만 아니라 그 누구라도 동정녀 탄생과 부활로 아니고는 달리 어떻게 그 예수님을 설명할 수가 있었을까요. 솜털처럼 가볍고 이슬처럼 스러질 덧없는 세상에다 영존하는 하나님 나라를 설계한 그 사람을 말이에요.

유대민족의 문학 양식에서 미드라쉬의 에픽 양식은(의미를 전달하기 위한 영웅서사) 아주 보편적이었지요. 위대하고도 탁월한 능력을 의미적으로 전달하기 위해서 과장, 의인화, 알레고리, 은유를 사용하는 방식입니다. 이것을 가지고 역사적 사실이냐 아니냐를 따지는 것은 어불성설이지요. 구약이나 신약에 있어서 문자적인 축자영감을 고집하게 되면 성경이 전하려고 하는 의미를 하나도 잡을 수 없게 되는데, 이런 현상을 히브리적 쓰기와 헬라적 읽기라고 말할 수 있어요. 정작 성서를 쓴 사람들은 히브리인들이라서 의미에 중점을 두고 쓴 것인데 성서가 이방 헬라권으로 넘어가면서 쓰기와 읽기에 오해가 발생된 것이지요. 히브리인들이 의미를 위해서 사용한 문학적 양식들이 그만 사실적인 팩트(fact)로 읽히게 되었다는 말입니다. 마치 신문이 전하는 어떤 사건을 읽는 것처럼요. 만약 그 기사가 팩트에 어긋났다면 바로 그다음 날에 바로 정정 기사를 내보내야 하지요. 그러나 마태복음이나 누가복음의 동정녀 탄생 기록은 미드라쉬적인 문학 양식이라고 신학적인 비평을 한다고 하더라고 마태나 누가는 정정 기사를 내보낼 필요는 없습니다. 성서는 과학 서적도 신문도 아니니까요. 그들은 그렇게 말고는 더 이상 전무후무한 감동을 준 갈릴리의 사람 예수님을 설명할 방도가 없었을 것이니까요. 그들은 히브리인들이고 그들의 방식으로 말했을 뿐입니다.

마태나 누가는 그런 예수님의 출생을 동정녀의 성령 잉태로, 마가와 요한은 성령의 세례와 하늘로 부터의 헤럴드(herald:전령)로 말하고 있습니다. 특히 요한은 곳곳에 하나님이 보낸 자로 말하고 있어요. 요한의 예수님은 이렇게 말합니다. 내가 이렇게 하는 것은 아버지에게서 났기 때문이고, 아버지를 보았기 때문이라고. 아버지의 것은 다 내 것이라고. 내게 영광을 돌리시는 이는 내 아버지이신데 곧 너희가 너희 하나님이라 칭하는 그이라고 말입니다. 그리고 나와 아버지는 하나라고 말하고 있습니다. 분명 이 표현들은 은유입니다. 육신적인 wording으로 문자대로 받아들이면 오히려 예수님의 하나님 나라의 삶 속으로 들어가지 못하게 됩니다. 이 말은 자기의 삶이 하나님의 뜻을 온전히 수행하는 것이라는 것을 말하는 은유적인 wording입니다. 이 은유는 예수님이 생전에 하나님을 아버지라고 부른 데서 기인한 것이라고 볼 수 있는데, 요한복음에 아버지와 아들의 관계로 예수님의 정체성을 가장 많이 기록하고 있는 것은, 요한복음이 가장 나중에 써진 복음서였기 때문이지요. 말하자면 상당한 신학적인 발전이 이루어진 현상이라는 말이지요.

예수님이 하나님을 아버지라고 말하는 그 말을 문자 그대로 받아들였던 유대 종교 지도자들은 신성모독 죄목으로 예수님을 고소하여 죽게 했지요. 그리고 2세기 후의 교회의 교부들은 치열한 논쟁을 일삼았고요. 예수님에게 신성과 인성이 동시에 있다는 양성론, 혹은 신성만 존재한다는 단성론, 결국에는 교리로 정착한 삼위일체, 아버지와 아들은 동질이라는 호모우시우스(homousios), 유사 본질이라는 호모이우시우스(homoiousios) 등 등입니다. 모든 논쟁들로 인한 분쟁과 반목, 서로가 서로에게 향한 이단 논쟁은 은유를 문자로 읽은 오류에서 기인한 것입니다. 결국 어떤 결론들은 갈릴리의 사람 예수를 괴상한 인물로 만들어버리기도 했답니다.

예수님이 그렇게 산 세상은 하나님이 그렇게 되기를 바라는 세상입니다. 모든 복음서의 고백들은 여기, 이 세상의 삶의 자리에서 출발합니다. 예수님이 산 삶의 한가운데서 시작하지요. 출생도 죽음도 부활도 아닌 생의 한가운데서 말이에요. 예수님이 누구냐는 예수님의 정체성은 부질없고 덧없는 세상의 질곡에서 갈릴리의 예수님만이 구현한 이 세상의 보편성, 탁월성, 초월성, 영원성에서 그 정체성을 말할 수 있다는 겁니다. 지상의 삶의 자리에서만 예수님은 누구였는가에 대한 대답을 할 수 있다는 말입니다. 허망한 세상을 영원히 없어지지 않고 죽지 않는 하나님 나라로 구현해 낸 갈릴리 예수님의 삶의 자리에서 마태와 누가의 미드라쉬, 마가와 요한의 은유가 나왔다는 거예요. 미드라쉬나 은유나 과장이나 그 어떤 문학적 양식을 빌려서라도 말하고 싶었던 것은 우리와 같은 사람 예수님만의 하나님적인 삶이었다는 말입니다. 이런 힘을 두고 예수님의 신적인 정체성 즉 신성이라고 말할지라도 그 신성이란 태생부터 본래적으로 우리 사람과 다른 유전자적인 힘이 아니라(마태의 성령의 동정녀 탄생 설화를 미드라쉬로 읽지 않고 문자적 사실로 읽는 오류에서 야기된) 그 신성이란 이 세상을 살아가는 예수님만의 방식과 모양과 내용의 결과물이라는 거예요.

사람 예수님이 이 세상에서 살았던 모든 방식은 오히려 깃털처럼 가볍고 이슬처럼 스러지는 생의 한가운데서 덧없음에 시달리던 나 자신을 차라리 연민하게 하였습니다. 삶에 대한 예수님의 보편성과 탁월성과 영원성은 그 누구도 허망한 생존의 굴레를 벗어나기는 참으로 쉽지 않다는 것을 역으로 말해 주는 것이었지요. 자기 자신에게만 몰입될 수밖에 없는 생존의 벼랑 끝에 서서 타인과의 화해와 상생을 꿈꾸며 인간 존중에서 나온 평등과 정의와 자유를 실현하는 하나님 나라로 산다는 것은 쉬운 일이 아니라는 것을 알게 해 주었습니다.

생의 한가운데서 자신을 연민하며 신음하는 나에게 다가오신 예수님은 나와 태생부터 다른 신적인 유전자로 계신 신이 아니라 사람 예수님이었습니다. 나와 이 세상 사람들의 허망함을 만지고 연민하고 쓰다듬으며 나와 인간의 불완전성을 온전히 이해하고 정죄하지 않았습니다. 그 이해 속에서 나는 나의 고통과 허망과 불안과 실로 죽음까지도 이해되었고 그 이해로 즉 인간의 불완전성에 대한 연민에서 나온 사랑으로 나는 이 세상의 덧없음에서 해방되었고 자유하게 되었습니다. 예수님이 신성의 유전자로가 아니라 충분하고도 온전히 더할 나위 없는 완전한 인간이 됨으로 예수님은 나에게 신이 되신 것입니다. 복음서의 저자들이 사람 예수님을 하나님의 아들이라고 증언한 것처럼 말입니다.

그러면 예수님의 그 힘은 어디서 나왔을까요? 그가 실현하고 완성을 꿈꾼 하나님 나라는 과연 어떤 세상이었을까요? 어떠했기에 그것 때문에 삼십 대 초에 죽고 말았을까요. 무엇 때문에 죽음도 불사하는 제자들까지 생겼을까요? 안티(anti)와 마니아(mania)가 생긴 것으로 보아서 갈릴리의 예수님과 그의 나라는 당시 뜨거운 감자였음에 틀림이 없습니다. 종교 지도자들과 기득권자들은 안티(anti)를 형성한 반면 뭇 백성들 특히 가난하고 병들은 소외계층의 사람들과 여자들은 마니아(mania)가 되었지요. 백성이 두려워서 체포하는 걸 미룬 때도 있었던 것을 보면 예수님과 그가 구현하는 나라는 항간의 핫 이슈였던 것은 사실인 것 같습니다. 그러나 사실 그들이 두려워한 것은 백성이라기보다는 예수님과 그 나라가 갖고 있는 거부할 수 없는 참이었을 겁니다.

예수님은 이 참-진실, 혹은 진리를 어떻게 설명할지에 대해 고민을 많이 했습니다. 그리고 택한 방법은 비유였고요. 비유가 아니면 아무것도 말씀하지 않았다고 마가가 전하는 말을 마태는 자료로 쓰고 있습니다.

> "또 가라사대 우리가 하나님의 나라를 어떻게 비하며 또 무슨 비유로 나타낼꼬"(마가 4:30)

> "예수께서 이러한 모든 많은 비유로 저희가 알아들을 수 있는 대로 말씀을 가르치시되 비유가 아니면 말씀하지 아니하시고 다만 혼자 계실 때에 그 제자들에게 모든 것을 해석하시더라"(마가 4:33-34)

> "예수께서 이 모든 것을 무리에게 비유로 말씀하시고 비유가 아니면 아무것도말씀하지 아니하셨으니"(마태 13:34)

예수님은 하나님 나라의 모습을 설명하기 위해서는 비유를 사용했고 그러는 자기 자신을 말할 때는 은유를 사용했지요. 이 은유는 많은 오해를 샀는데 은유를 은유로 이해하지 못하고 문자 그대로 이해한 나머지 생긴 불상사였습니다. 제자들에게는 이해를 돕기 위해서 해석을 해 주기도 했지만, 제자들조차도 예수님과 그의 나라를 이해하기는 참으로 벅찼던 것 같습니다. 가롯 유다도 베드로도 요한의 형제들도 아무튼 제자들 거의가 예기치 못한 행동이나 동문서답을 하였으니까요. 수시로 해석을 들은 제자들도 이 지경이었으니 유대교 종교 지도자들이나 다른 유대인들은 어떠했겠습니까? 단적인 예로 사형선고 받던 날에 있었던 일입니다. 예수님이 심문을 받을 때 빌라도와 고소한 사람들과 예수님의 대화에서 찾을 수 있어요. 이 장면은 네 개의 복음서가 모두 전하고 있는 걸로 보아서 이 대화는 실제로 있었던 것 같습니다. 그중 요한복음은 빌라도와 고소인들과 예수님이 뜻하는 것을 잘 비교하여 보여주고 있습니다. 요한은 예수님의 은유를 이해하였던 것 같습니다. 빌라도의 재판과정을 통하여 예수님에 대한 오해의 진실을 말하고 싶었던 것 같습니다.

    요한복음 18장 33-36을 보면 이렇습니다. 빌라도가 예수님을 심문합니다. 예수님과 동족인 유대인들과 대제사장들이 예수님이 자신을 유대인의 왕이라고 한다고 고소했는데 그게 사실이냐고 묻습니다. 예수님은 빌라도가 스스로 그렇게 말하는 것인지 아니면 유대인들이 그렇게 말하는 것인지 되묻습니다. 네 말이냐, 유대인들이 그렇게 하는 말이냐 하는 것으로 보아서 예수님은 스스로 "나는 유대인의 왕이다"라고 말하지는 않은 것 같습니다. 빌라도가 자기가 유대인도 아닌데 무슨 그런 말에 관심이나 갖겠으며, 큰 이슈되 되지 않지만 다만 네 나라 사람들이 그렇게 고소했으니 그렇게 말하는 것뿐이라고 합니다. 고소인 유대인들이 예수님을 재판권이 있는 로마의 법정에 세우려고 자기들에게는 로마의 왕 가이사 외에는 다른 왕이 없다고 하면서 예수님을 로마의 반역자로 몰고 간 것이지만 빌라도는 그들의 야심을 눈치채고 있었던 것이 분명합니다.

예수님은 그때야 말합니다. 그런 식으로 나를 유대인의 왕이라고 말한다고 하면, 내가 꿈꾸고 이루려는 세상을 굳이 나라라는 용어로 사용하려 한다면, 그렇다면 내 나라는 이 세상에 속한 것은 아니라고 말합니다. 예수님의 나라는 정치적인 의미로 말해지는 그런 나라가 아니라는 말이지요. 예수님은 오랜만에 역설합니다. 만약 그것이 고소하는 자들이 말하는 것처럼 정치적인 용어여서, 내 나라가 이 세상에 속한 것이었다면, 자위대나 군대가 있어서 나라를 지키거나, 전복하거나, 군사혁명을 일으켜서라도 나를 유대인으로부터 보호했을 것이라고 말을 합니다. 이 세상에 정치적 의미의 나라는 내게는 없다고 말하자 그러면 네가 왕이 아니냐고 빌라도가 묻습니다.

예수님은 이때 은유로 말합니다. 네 말과 같이 나는 왕이니라 라고 말입니다. 이때 예수님이 사용한 왕이라는 용어는 로마의 왕 가이사와 대등 되는 그런 의미가 아닌 줄을 빌라도가 이해한 걸로 말하고 있습니다. 그러면 네가 왕이 되어 삶으로 보여주고, 가르치고, 실현하려다가 고소까지 당한 그 진리가 뭐냐고 되물었으니까요. 왕으로써의 예수님의 정체성은 오직 진리를 위해 태어난 자, 진리를 위해 세상에 온 자, 진리를 위한 증거자라는 말입니다. 예수님은 자기의 죄목인 왕이라는 용어로 자기의 삶의 절대적 가치와 그걸 알고 따르는 자들의 절대성을 강조한 것입니다. 네가 왕이냐고 묻던 빌라도는 진리가 무엇이냐고 말하면서 심문을 마칩니다. 그리고 유대인들에게 선포합니다. 나는 그에게 아무 죄도 찾지 못하였노라 라고 말입니다. 요한복음은 재판과정을 상세히 보고하는 식으로 하여 빌라도가 나라와 왕이라는 용어를 가지고 벌인 유대인들의 정치적 음모와 예수님의 은유를 잘 간파하였다고 전하고 있습니다.

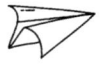

열네 번째 메일

예수님의 부활은 그런 걸까요

고난주간의 성금요일이네요. 돌풍과 따스한 햇볕 사이로 무리지어 늘어진 겨울가지가 노랗게 물이 들고 있습니다. 개나리이지요. 사람들이 춥다 춥다하는데도 어김없이 제때를 알고 밀고 나오는 봄의 기운을 보니 갑자기 경건해집니다. 죽은 줄 알았던 겨울 나목 속에 생명이 있었음에 짐짓 놀라는 거지요. 아니 한 방 얻어맞은 거예요. 추위에 꽁꽁 얼었던 무채색의 자연에서 스멀스멀 기어 나오는 생명의 눈빛에서 영겁을 보았다고나 할까요. 죽었다고 무시하고 거들떠보지도 않았던 겨울 나목의 조용한 봄의 미소에서 그가 누구였는가를 비로소 알아차렸다고나 할까요. 분명 겨울나무는 겨울에 있었지요. 나목으로 눈보라가 치는 추운 밤을 피할 수도 없었고요. 그러나 그가 뿌리를 내리고 산 곳은 밖의 겨울이 아니었어요. 그 안의 생명이었어요. 눈보라 치는 생의 한가운데서 그가 산 곳은 영원히 죽지 않는 생명의 나라였어요. 겉으로는 보이지 않는 가슴에 박힌 생명의 나라, 그 나라에서 말이에요. 예수님이 천국을 땅에 심는 씨앗에 비유를 많이 한 걸 보면 알겠어요. 겉으로는 보이지 않지만, 땅에 심긴 씨앗에게 있는 그 생명의 비밀로 그분의 삶의 비밀을 말하고 싶었나 봐요.

예수님은 하나님을 아버지라고 하였습니다. 처음이며 나중인 지음을 받지 않는 생명의 원천이신 하나님께 뿌리를 박는 일이었지요. 본인이 직접 나는 하나님의 아들이라고 말하지는 않았지만, 하나님을 아버지로 부르는 아들로서 예수님의 삶은 모진 고난에도 하늘로 훤히 열려 있는 생명의 삶이었습니다. 미하일 벨커 교수의 말대로 호전적인 자기 보존 본능을 넘어서는 사랑과 관용과 용서의 힘을 발휘할 수 있었던 비밀이 여기에 있었던 거지요. 예수님 안에 있는 하늘로 열려있는 생명을 영생이라고 하지요. 영생은 길게 살아 있는 것이 아니라 죽지 않는 것을 말해요. 하나님 나라에 뿌리를 박고 이 세상을 산 예수님은 삼십여 살에 세상에서 죽었지만 죽지 않은 거지요. 그의 삶은 진리였으니까요. 겨울나무가 죽었었나요. 지난가을 낙엽이 다 지고 마지막 잎새도 떨구며 나목으로 꽁꽁 얼어붙은 겨울 산 하에 죽은 듯 잊혀졌었지만, 그것은 죽은 게 아니었지요. 사실 봄의 미소는 부활이 아니에요. 봄은 죽지 않았던 거니까요. 이런 신비를 언젠가 시로 써 보았어요.

민들레 꽃씨

죽은 엄마가
묵은지 찜 아줌마 찌개 속에
부글부글 살아 있다

놓친 애인이
한 두레박 시린 물로
서늘하게 살아 있다

우리 동네 용인 민속촌 옆 금화마을에

와 보면 안다
겨울나무가 늙어서 허물 벗고 죽은 게 아니었다는 걸
분홍 다홍 하양 꽃잎 드레스를 입은
눈부신 오월의 신부라는 걸

봄 언덕에 올라와 보니 알겠다
눈 깜빡거리기도 아까운 찬란한 빛 속에
나 민들레 꽃씨로 날고 있다는 걸

영생이라는 말은 얼마나 오해를 많이 가져오는 단어인지 모릅니다. 예수님이 말하는 영생은 자연의 시간인 크로노스(chronos)를 말하는 것이 아니지요. 봄 여름 가을 겨울이 차례로 지나고 꽃이 피고 낙엽이 지는 것은 크로노스의 시간이지요. 태양이 뜨고 지고, 지구가 자전하고 공전하는 모든 것들은, 말하자면 자연과학이 말하는 것들은 다 크로노스의 시간입니다. 그러나 이 크로노스 시간이 흐르는 역사와 자연의 물줄기 속에는 또 하나의 시간이 있다는 거지요. 카이로스(Kiros)라고 하는 시간 말이에요. 아, 영생이라는 시간을 혹은 차원을 혹은 그 나라를 혹은 하나님 나라를 이런 헬라어 용어로 말하기에는 벅차지만 그래도 이 용어들을 빌릴 수밖에 없네요. 요한복음이 그런 영생의 예수님을 헬라의 개념인 로고스(Logos)를 사용하여 설명한 것처럼요. 아무튼 예수님과 나사로의 누이 마리아와의 대화에서 이 두 가지의 시간이 엇갈리는 것을 볼 수 있습니다. 예수님은 카이로스의 시간을 말하는데 마리아는 크로노스의 시간으로 아는 거지요. 자연의 시간인 크로노스의 시간에서 언제든지 카이로스의 시간은 시작되고 또 그것은 자연의 시간인 크로노스의 시간이 멈출 때에도 멈추지 않는 시간을 말하는 거지요. 또는 영원의 카이로스의 시간 안에 크로노스의 시간이 역사라는 이름으로 닫히고 열리고 있다고나 할까요. 영생은 크로노스의 시간이 아닙니다. 카이로스의 시간이지요. 요셉을 아버지로 부르는 나사렛(!)의 예수님은 크로노스의 시간으로는 짧게 살았지만, 하나님을 아버지로 부르는 갈릴리(!)의 예수님은 카이로스의 시간을 산 것이지요.

예수님과 마리아의 대화를 들어 보지요. 마리아의 오라버니인 나사로가 죽었어요. 마리아는 급히 예수님을 부릅니다. 예수님은 나사로가 다시 살 것이라고 말했습니다. 마리아는 그 말에 이렇게 대답하지요. 물론 마지막 날 부활에는 다시 살 줄을 안다고 말입니다. 크로노스의 시간으로 부활을 말하고 있지요. 그러나 예수님의 말을 잘 들어 보세요. 예수님은 카이로스의 시간으로 말을 합니다. 나는 부활이요 생명이니 나를 믿는 자는 죽어도 살겠고 무릇 살아서 나를 믿는 자는 영원히 죽지 아니하리라고 말입니다. 죽어도 살고 살아있어도 죽지 않는다는 말을 잘 생각해 보세요. 어처구니없게도 이 말을 크로노스 시간으로 받아들이는 자들의 신앙행태는 많은 살인을 불러왔고 지금도 앞으로도 그럴 겁니다. 그들은 독약을 먹고도 죽지 않으리라 생각했지요. 또 독약은 먹지 않지만, 영생을 크로노스 시간으로만 아는 교회의 신앙은 자연의 삶을 더 살고 싶은 욕심으로 예수님의 부활을 찬양하고 또 그런 부활을 꿈꾸고 있지는 않는지요. 예수님은 삼십여 년이라는 짧은 크로노스의 시간에서 영겁의 카이로스를 살았던 것입니다. 영생을!

하루가 천년 같고 천년이 하루 같은 하나님의 시간을 잊지 말라고 베드로는 두 번째 편지 3장 8절에서 말하고 있습니다. 어쩌면 이 말을 자연의 시간으로 듣자면 이 세상은 찰나에 지나지 않는다는 말이기도 하지만 찰나의 영원성을 말하는 것이지요. 예수님은 그래서 이렇게 말합니다. 나는 길이요 진리요 생명이라고, 나로 말미암지 않고는 아버지께로 갈 자가 없다고 말입니다. 예수님이 사용하는 단어들은 하나님 나라의 용어들입니다. 유한의 세상에서 영원을 사는 예수님의 방식이 아버지께로 가는 길이라는 것이지요. 집사님, 예수님의 이러한 삶의 시간을 모르는 자들이 가졌던 예수님에 대한 분노를 이해할 만하지 않습니까.

그런데 자기처럼 그런 삶의 시간으로 살아야만 하나님을 볼 수 있고, 알고, 그에게로 갈 수 있다고 말하는 예수님을 작금의 기독교는 어떻게 말하고 있습니까? 예수님 속에 흐르는 그 시간을 알기나 하는 걸까요. 교회는 예수님이 살았던 카이로스적인 영생의 시간으로 따라 살기보다는 그의 대속적 죽음을 믿으면 구원받는다는 유대 종교적 황홀경에 빠져서 은혜(공짜)로 속죄를 받아서 후련해진 자연의 시간을 더 오래, 더 많이 쟁취하려고 하는 건 아닌지요. 구원은 예수님의 시간으로 들어가는 겁니다. 하나님 나라에 그 시간의 시계가 째깍대고 있거든요. 살아서 나를 믿는 자는 영원히 죽지 않는 그 예수님의 시간으로 들어가는 일이 구원이지요. 구원은 그 예수님을 따라 그 시간으로 사는 것입니다. 찰나를 영원으로 사는 것 말이에요. 그러니 영생은 예수님을 만나는 그 시부터 시작됩니다. 그의 시간으로 들어가는 것이니까요. 영생은 끊이지 않고 연속하는 크로노스의 자연의 시간을 말하는 것이 아닙니다. 땅이 하늘에 열려있는 시간을 말합니다.

집사님, 그때 그 예수님이 과연 누구였는지를 말하는 데 있어서 나사렛, 갈릴리, 예수살렘 이 세 개의 지명은 나에게 아주 유용합니다. 나는 이렇게 말하고 있습니다. 나사렛의 예수님이라고 하면 자연의 시간에 태어 난 우리와 성정이 똑같은 사람 예수를 말하지요. 당연히 자연의 시간에 지배를 받고 생로병사를 경험하는 한 사람을 말합니다. 요셉을 아버지로 부르고 마리아를 어머니로 그리고 형제와 자매가 있는 한 유대인 청년을 말합니다. 그는 목수인 요셉의 아들이지만 어머니 이름을 빌려 마리아의 아들로 불리어지는 것으로 보아 그 아버지 요셉은 사별한 전처가 있었음직도 합니다. 그리고 예수님의 형제와 자매도 전처의 소생이었을 수도 있고요. 왜냐하면 예수님이 십자가에 달려서 어머니 마리아를 나이 어린 제자 요한에게 부탁하는 것을 보면 그렇습니다. 그때 요셉은 이미 늙어서 죽었을지도 모르는 것이지요. 마리아는 갈 곳이 없었나 봅니다. 남편 요셉은 없고 다른 자녀들은 자신의 소생이 아니었기 때문이 아닐까요. 아무튼 이렇게 나사렛의 예수님은 가족과 함께 나사렛에서 성장하여 청년이 되기까지 가업을 수행하며 살았습니다.

그러나 갈릴리의 예수님이라고 하면 하나님 나라를 사는 예수님을 말합니다. 생로병사를 경험하나 죽지 않는 진리의 방식으로 하나님과 함께 사는 예수님을 말합니다. 갈릴리의 예수님은 하나님을 아버지라고 부릅니다. 당신의 어머니와 자매와 형제는 아버지의 뜻을 행하는 사람들이라고 말하면서요. 마가복음과 요한복음 그리고 마태복음과 누가복음 속에 들어 있는 최초의 자료로 추정되는 Q 복음에는 아예 갈릴리에서 복음이 출발합니다. 나사렛에서의 출생과 성장에 대한 기록은 없다는 말이지요. 마태나 누가가 성령에 의한 동정녀 탄생을 말한 것도 실은 나사렛 예수님을 갈릴리의 예수님으로 말하기 위해서였을 것입니다. 요한복음은 갈릴리의 예수님을 말하려고 기획하면서 나사렛의 예수님을 건너뛰고 아예 태초의 생명에 연결하고 있고요. 최초부터 있는 불멸의 생명 즉 영생에다 갈릴리의 예수님의 정체성을 연결하고 있다는 말이지요. 신학적으로 선재설이라고 하지요.

4 복음서 모두가 예수님이 갖은 불멸의 생명을 말하려고 성령을 등장시키고 있는 것은 공통점입니다. 마태와 누가는 성령에 의한 잉태를, 마가와 요한은 성령에 의한 세례를 말하고 있으니까요. 전에도 말씀드렸듯이 성령은

예수의 정체성을 말해주는 유일한 용어입니다. 그러니 성령이 하는 일이라고 말하면서 그 결과가 갈릴리의 예수님이 가졌던 삶의 시간과 삶의 방식과 그가 바라보았던 시선과 손과 발의 움직임과 가르침과는 무관하거나 어긋나는 것들은 모두 가짜이며 사기인 것이지요. 갈릴리의 예수님은 성령의 사람입니다. 하나님께로 열린 세상을 사는 사람이지요. 예수라는 이름의 나사렛의 유대 청년은 갈릴리의 성령의 사람이 됩니다. 갈릴리 예수님은 이렇게 말했지요. 아버지가 일하시니 나도 일한다고요. 목수의 일이 아니지요. 하나님이 인간을 향하여 그렇게 살았으면 하는 그런 삶의 일을 한다는 거예요. 말하자면 하나님의 뜻을 이행하는 거 말이에요. 요한복음은 하나님의 뜻을 이 땅에 펴는 일이 갈릴리 예수님의 양식이었다고 말합니다. 갈릴리 예수님을 배부르게 하는 양식이라고요. 그리고 사막에서 일용할 양식으로 먹었던 만나와는 다른 영생의 양식이라고 했어요. 하나님을 아버지라 부르는 갈릴리의 예수님은 자연스럽게 하나님의 아들이 된 것입니다. 나사렛의 한 유대 청년으로 자연의 시간을 십자가에서 마감한 예수님은 갈릴리에서 하나님의 아들로 영원을 살았습니다. 갈릴리에서 시작하고 펼쳐 나간 하나님 나라는 자연의 시간을 영원으로 사는 나라입니다. 그래서 그 나라의 삶의 방식은 복음이며 진리가 됩니다. 복음 곧 진리는 민족을 넘어, 문화를 넘어, 종교를 넘어, 전통을 넘어, 이념을 넘어서는 천륜과 인류입니다.

집사님, 나는 예수님이 청년기까지 성장한 곳인 산동네 나사렛이라는 마을 이름을 빌려 생로병사를 포함하여 자연의 시간에서 경험하는 모든 삶을 말해주는 용어로 사용하였어요. 호숫가 마을 갈릴리는 그런 자연의 삶의 자리에서 영원을 열고 하나님을 아버지로, 모든 경계를 무너뜨리며 이방인과 죄인과 소외된 자들까지도 이웃하여 사는 예수님의 하나님 나라의 삶을 말해주는 용어로 사용하였고요. 성전이 있는 예루살렘은 예수님의 사후 신앙의 대상이 된 예수님을 말하는 용어로 사용하려고 합니다. 예루살렘에서 예수님은 유대 종교주의자들에 오해를 받아 죽었는데, 지금은 관광 수입용 캐릭터로 각종 기념 교회에 주렁주렁 매달려 있더라고요. 예루살렘의 기념 교회들을 가보시면 압니다. 음침한 실내에 수많은 놋주발과 놋대접 그리고 성물과 성상들 그리고 오너먼트들이 천장부터 바닥까지 주렁주렁 달려 있습니다. 그때나 지금이나 예루살렘은 신앙과 제사와 종교를 대변하는 지명이 될 수가 있는 이유이지요. 예루살렘 예수님이라고 함은 기독교 종교주의자들의 우상이 된 예수님을 말하는 겁니다. 우리의 교회들도 마찬가지로 갈릴리의 삶을 따르기 보다는 그런 우상을 주렁주렁 달고 있지는 않은지요. 삶을 따르기는 어렵고 우상에게 비는 것은 쉬우니까요. 따르는 것은 그분의 방향을 따르기 위해서 자기의 만족과 위안과 아집과 욕심을 꺾고 바꾸고 버리는 일이나, 빌고 믿는 것은 잘못하면 내 방향과 내 만족과 내 아집과 내 욕심을 확정하고 고집하게 되는 것이 아닐까요. 집사님에게는 어느 예수님이 계신가요. 집사님에게 예수님은 누구신가요. 나사렛, 갈릴리, 아니면 예루살렘.

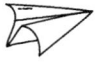

열다섯 번째 메일

천국은 그런 나라일까요

부활의 아침입니다. 꽃샘추위가 예전보다 유난합니다. 예정되었던 터라 취소도 못 하고 열린 꽃 축제들은 이름뿐입니다. 그래도 언덕 너머로 기웃대는 봄기운을 보니 꽃을 실은 수레들이 들이닥칠 것이 분명합니다. 아무튼 오늘 부활의 아침은 눈곱만한 꽃망울과 함께 겨우 텄습니다. 부활의 아침에 무엇을 생각하나요? 천국에 먼저 간 보고 싶은 이들을 생각하나요. 곧 만날테니 기다리라고 말하려나요. 혹은 앞으로 닥쳐올 육신의 죽음에 대해 용감해지나요.

오래전에 부활절을 맞춰 타임지가 특집을 내놓은 기사가 있습니다.(The Time, Rethinking HEAVEN by Jon Meacham, April 16, 2012) 여기에서 말하고 있듯이 헬라의 플라톤 철학자들이 생각한 것처럼 육신은 일시적이고 영혼은 불멸하니 죽음은 단지 육신을 벗는 일이라고 생각하나요. 혹은 1세기의 유대인 기독교인들이 생각했던 두 단계 과정을 거치는 부활을 생각하고 있나요. 즉 예수님을 믿는 자들이 죽으면 육신은 남겨 놓고 영혼이 가서 쉬는 곳이 있는데 그곳은 우리가 흔히 생각하는 영광스러운 천국이 아니라 단지 기다리는 곳이어서, 예수님이 재림할 때까지 거기 있을 것이고, 거기서 예수님과 함께 육신이 부활하여 들어갈 새 하늘과 새 땅을 준비할 것이라고 생각하나요.

특집(p.39)에서 다룬 대로 사실 기독교 이전의 1세기의 유대인들의 종말사상은 조금 달랐습니다. 그들의 종말사상은 세상 끝 날에 다윗과 같은 메시아가 나와서 선민 이스라엘만을 위한 정의가 실현되는 나라를 시작하는 것이며 또 죽은 자가 부활한다는 것이었지요. 나사로의 누이 마르다가 "세상 끝 날에는 부활할 줄을 아나이다"라고 말을 하였듯이요. 유대민족이 기다리는 천국은 세상 끝 날에 율법을 고수한 선민 이스라엘에 대한 의의 심판이 있고 이스라엘의 정의가 실현되는 새로운 이스라엘 국가를 말합니다. 그러나 바울에 의해 해석되고 복음서가 말하는 예수님의 이야기는 기독교만의 구원관과 죽은 후의 삶에 대한 독특한 생각을 만들어내었지요. 1세기의 유대인 중 그 어느 누구도 인간의 대속적 희생을 고대해 온 사람은 아무도 없었습니다.

 헬라철학의 영혼 불멸과 유대의 종말사상인 이 땅에 이루어지는 천국사상 즉 다윗 같은 사람이 와서 이스라엘만을 위한 정의를 보증하고 보상하면서 이루어질 새 이스라엘 국가론과 기독교만의 독특한 인간에 의한 대속론적인 구원관과 합해지면서 기독교의 부활론은 영혼불멸의 천국사상과 육신의 부활론이 포함된 것입니다. 그런데 유대의 종말사상에 있어서나 또한 기독교의 부활사상에 있어서 죽은 자가 부활한다는 것은 모두 이 땅에 다시 건설될 새 나라에서 살기 위한 것이라는 말입니다. 그 새 나라가 유대사상에서는 이스라엘만을 위한 새 국가를 말하는 것이어서 극단적인 혈통주의와 배타적 유대 종교적인 유다이즘을 만들어 내고야 말았고 기독교에서는 예수님의 대속론을 믿는 자들만을 위한 것이 된다고 해서 결국 배타적 기독교주의(Christian Zionism)까지 가고 말았지만요. 결과야 어쨌든 양쪽에서 말하는 부활은 이 땅에 다시 살려고 하는 부활이라는 말입니다. 저 멀리 하늘 어딘가에 있는 영원한 장소에서 영원히 살려는 것이 아니라는 말이지요. 그러려면 육신으로 부활할 필요가 없겠지요. 그런데 참 이상한 것은 양쪽이

다 육신의 부활을 정의가 실현되는 새 나라를 위한 것 때문이라는데, 그것과는 하등 관계가 없이 이생을 더 살고 싶은 욕망의 충족과 안위를 위한 부활이 된다는 말입니다. 그렇다면 예수님의 육신의 부활은 우리의 육신이 다시 살 수 있다는 보증이 될 뿐인 것이지요. 예수님을 믿다가 자연의 시간에서 죽어서 썩거나 한 줌 뼛가루로 된 육신이 다시 새살로 돋아서 또 살 것이라는 보장이라는 것이지요. 아마 없는 것이라고는 죽을 운명을 피할 권한이 없는 것뿐인 부자나 권세를 잡은 자들이나 명예가 드높은 자들에게는 그런 육신의 부활은 복음 중의 복음이겠지요. 누렸던 영화와 호사가 아직도 끝나지 않고 영원하리라는 보장이니까요. 아니면 어찌 된 영문인지 모르게 찌들게 가난하거나, 수없이 실패한 자들에게나, 억울한 자들에게나, 노예들에게나, 억눌린 자들에게는 원수를 갚을 기회를 얻는 일이 되는 걸까요. 아니면 보상이나 위로나 회복을 꿈꾸는 자들에게는 선악을 가리고 시시비비를 가려 줄 기회나 상황을 만회할 기회를 얻게 되는 희망이 되는 것인가요. 과연 그런 것일까요. 예수님의 육신의 부활이 말이에요.

 집사님, 우리 다시 한번 주기도문을 외워 봅시다. 예수님이 꿈에도 소원인 것을 제자들에게 기도하라고 가르친 것이지요. 아니 그렇게 살라고 말씀하신 것이지요, 예수님은 실로 이 땅에, 현존에, 하나님 나라-천국을 이루고 싶었던 거예요. 천국이란 말은 이스라엘 민족에게는 생소한 말이 아닙니다. 이스라엘 민족이라면 할아버지는 물론 애들까지도 다 아는 용어니까요. 그래서 예수님은 자기가 실현하려는 천국-하나님 나라를 말하려고 할 때 그 용어가 무엇인지를 설명한 적은 한 번도 없었어요. 그래서 예수님이 "천국은"하면서 말을 꺼낼 때 누구도 주의를 기울일만한 말문은 아니었지요. 그러나 그 내용은 이스라엘이 고대는 그 천국의 내용하고는 아주 달랐어요. 그래서 그 내용에 대해 설명할 때마다 고민한 흔적이 많았지요. 그러니 은유로, 비유로, 예화로 설명할 수밖에 없었고 무엇보다도 삶을 통해서 보여 줬지요. 결국 예수님은 사형을 당했습니다. 이스라엘이 고대하는 천국과 다른 천국 때문에 사형을 당한 겁니다. 예수님이 죽은 이유는 그 나라 때문에 죽었던 것이지요. "나라가 임하옵시며 뜻이 하늘에서 이루어진 것같이 땅에서도 이루어지이다"라고 하늘과 땅이 분리되지 않은 통전적인 나라, 하나님의 나라, 영원한 천국을 외치며 절규하던 육신이 자연의 시간에서 죽은 것입니다.

태초부터 자연의 시간은 영원을 안고 여행 중입니다. 아니 영원이 자연의 시간을 빌린 것이지요. 영원은 자연의 시간을 타고 시대를 지나며 생명을 선포합니다. 생명은 자유이고 복음이고 진리이지요. 시대와 문화와 문명과 이념과 인종과 피부색과 남녀와 노소와 상전과 노예 그리고 그 어떤 종교의 율법보다 우선하는 너와 내가 아름답게 사는 법을 선포합니다. 영원은 자연의 시간을 타고 봄, 여름, 가을과 겨울을 지내고, 꽃을 피우고 지우며, 는개구름 속을 촉촉하게 건너서 소나기구름 속을 헤치며 왔습니다. 사막을 스치는 바람결에 수놓은 모래비단을 미끄러져 와서 갈릴리호반의 예수에게 다가온 것이에요. 요한복음의 저자 요한은 영원을 안고 자연의 시간에 서 있는 역사의 예수님을 보고 "너는 내 사랑하는 아들이다 내가 너를 기뻐하노라(요1:11)"라고 하늘에서 소리가 났다고 전하고 있습니다. 역사의 예수님은 자기에게 주어진 자연의 시간 속에다 영원을 담았던 것입니다. 영원히 변할 수 없는 천국을 사는 법칙 곧 진리라고도 하고 생명이라고도 하는 천국의 길을 열은 것이지요. 현존에.

"나는 곧 길이요 진리요 생명이니 나로 말미암지 않고는 하나님께 올 수 없느니라"(요 14:6)

예수님이 육신으로 부활했다는 것은 역사의 예수님이 살았던 삶의 가치가 결코 죽지 않았다는 것을 말하는 겁니다. 그 나라의 법칙으로 살았던 갈릴리 예수님의 삼십여 년의 삶이 자연의 시간에 소멸당하지 않는 영원이라는 것을 말하는 것이지요. 그가 살았던 삶의 방식은 영원히 소멸되지 않는 생명을 갖는 진리라는 것이지요. 그런데 집사님, 난 집사님을 조금은 의심합니다. 아니 집사님뿐만 아니라 많은 기독교인들을 의심합니다. 의심이 너무 심해서 자꾸 구구절절 뜻풀이하게 되고 잔소리가 심해집니다. 예수님도 천국에 대해 말할 때 그랬을 겁니다. 천국이라는 용어는 귀에 못이 박히도록 들어 왔던 유대의 용어이지요. 그래서 듣는 사람들은 의례 생각하는 개념들이 있었겠지요. 유대의 방식으로 채색된 천국에 대한 이미지 말입니다. 그러니 예수님이 천국을 말할 때 얼마나 곤혹스러웠겠습니까? 예수님이 이 땅에 펼치려는 천국인 자기의 나라는 그런 유대적인 천국이 아닌데 말입니다. 마찬가지로 저도 영생이니 진리니라는 말을 꺼낼 때 벌써 의심의 눈초리로 살피게 됩니다. 이 용어들이 집사님을 비롯한 대부분의 기독교인들에게는 이미 신비적이고 탈 역사적이고 탈 육신적인 영역(ethereal, disembodied realm)의 용어로 채색되어 있기 때문이지요. 영원이니, 영생이니, 진리니 하는 말은 자연의 시간이 흐르는 세상에서 사는 어떤 삶의 방식을 말하는 것인데 곧 갈릴리 예수님이 살았던 삶의 방식입니다. 곧 예수님의 나라라고 말할 수 있지요. 예수님의 나라는 하나님의 뜻을 구현하려고 애썼던 그의 지상의 삶을 말합니다. 빌라도는 말했지요

빌라도: "그러면 네가 왕이 아니냐."
예수님: "네 말과 같이 내가 왕이니라 내가 이를 위하여 났으며 이를 위하여 세상에 왔나니 곧 진리에 대하여 증거 하려 함 이로

라"(요 18:37)

예수님은 자기의 나라의 왕이지요. 그렇게 오해가 되었던 그 왕이라는 용어를 빌려서 쓰자면 말입니다. 예수님의 나라는 예수님이 이 땅에 구현하는 삶의 방식으로 사는 세상입니다. N.T.Wright 교수는 이것을 이렇게 말합니다. "Heaven, in the Bible, is not a future destiny but the other, hidden dimension of our ordinary life-God's dimension,"(2012년 4월 16일 자 타임지 p40) 번역하면 이렇습니다. 〈성서에서 천국은 미래의 운명이 아니고 우리의 보통의 삶 속에 감춰진 다른 차원인데 바로 하나님의 차원이다.〉 또 그는 "In the Bible heaven is God's space while earth(or if you like, 'the cosmos' or 'creation') is our space. And the Bible makes it clear that the two overlap and interlock."(p42) 이라고 말하는데 번역하면 이렇습니다. 〈성서에서는 말하기를 땅(세상 혹은 창조 세계)이 우리의 자리인 반면에 천국은 하나님의 자리다. 그리고 성서는 이 둘이 겹쳐있고 서로 맞물려 있음을 분명히 하고 있다.〉

예수님의 나라는 세상에 담겨 있는 천국입니다. 그런데 그 나라의 모양은 아주 비천하기 그지없고 보잘것없었지요. 예수님은 천국이 마치 겨자씨 같다고 했습니다. 겨자씨는 한 숨에도 날아가 버리는 솜털 같은 씨앗이지요. 말라버린 것같이 납작하고 가벼워요. 예수님이 펼치는 천국의 모양새가 그렇다고 말했습니다. 천국은... 하고 말을 꺼내기만 하면 이스라엘 역사상 가장 번영하고 가장 강했던 다윗 왕국 같은 강성대국을 꿈꾸도록 오랫동안 길들여진 유대인 청중들에게 전혀 예기치 못하던 겨자씨의 이미지를 제시한 것입니다. 땅에 심겼다 한 것은 어떠한 이유에서든지 사람들에게 인정받지 못하고, 무시를 당하고 정죄를 당하고 왕따를 당하는 소외계층을 말하고 있을 수도 있고요, 또한 그런 사람들이 중심이 되어 펼쳐지는 예수님이 사는 삶의 방식의 초라한 외견을 말하는 거겠지요. 이스라엘의 독립을 꿈꾸는 열심 당원이었던 가룟 유다는 그런 예수님과 그 천국을 이해할 수 없었던 것입니다. 그런 방식으로 이루어지는 천국이 무엇인지를 몰랐던 것이지요. 따라다니고 함께 있어 보니 예수님의 삶의 방식이 강력한 로마를 대항하여 이스라엘을 회복하기에는 너무나 약하고 초라하게 보였던 것입니다. 예수님과 그의 삶의 방식을 몰랐던 제자들은 유다 말고 또 있었어요. 갈릴리에서 아주 최초에 제자가 되었던 사람들인데 그들도 예수님의 천국이 어떤 것인지를 몰랐던 것입니다. 야고보와 요한 형제는 부탁을 합니다. 예수님의 나라가 실현되면 자기들을 좌편에 우편에 앉혀 달라고 말이지요. 좌의정, 우의정이지요. 그들이 구한 것은 세상의 권력이었을까요, 아니면 예수님과 함께 기꺼이 정의를 수행하는데 필요한 권세를 구한 것일까요. 아무튼 예수님은 그런 것은 자기가 할 일이 아니라고 말합니다. 후자일지라도 예수님의 나라는 번성과 확장을 위해서 힘이나 권력이나 권세를 행사하는 것이 아니라고 말합니다.

예수님의 나라, 예수님의 천국에서 사는 일이란 겨자씨처럼 낮아지는 것이라고 말합니다. 존재감이란 소리가 없고 숨어 있는 데에 있다는 거지요. 겨자씨는 땅속에 심겼으니까요. 세상에 심겨져서 소리 없이 생명을 발휘하는 것 그것이 예수님의 나라, 천국이지요. 그런데 어떤가요. 조심스럽게 말합니다만, 혹시 크고, 화려하고, 힘이 있고, 권세가 있고, 웅장하고, 세련되고, 기독교적 사역을 위한 다양한 프로그램이 많고, 교인의 숫자가 많은 교회에 의해 존재감이 결정되지는 않는지요. 하지만 예수님의 천국을 사는 자의 정체성과 존재감은 교회에서보다 세상에서 확립이 된다는 걸 잊지 말아야 될 것입니다.

가난하고 찌들다 보니 가족 간의 인정이 피폐해진 가정이 있었어요. 그

가정은 거반 삼십여 년이 지나서야 비로소 화평하고 부유한 가정으로 변했습니다. 그 가정에 시집온 맏며느리 때문이었지요. 그녀의 정체성은 겨자씨였습니다. 그러나 그 속에는 보이지 않는 생명이 있었습니다. 그들을 위한 사랑이었지요. 그것은 가정을 위해 종이 되는 일이었고, 희생하는 일이었고, 길고 긴 어둠 속에서 희망을 갖는 일이었습니다. 그러기를 삼십여 년이나 걸렸던 거지요. 그녀 안에 있는 겨자씨 생명은 작고 보잘것없었지만 진리였습니다. 그녀가 종이 되어 산 삶의 방식은 영원한 것이지요. 그것만이 그런 가정을 건강하게 만들 수 있는 길이었으니까요. 생명은 오랜 시간 후에 증명이 되더라고요. 둘째 며느리도 너 같은 며느리였으면 좋겠다고 시아버지가 말을 했습니다. 종이라는 정체성은 세상에 화평과 공존과 공생을 가져다주고 세상을 살맛나고 맛깔 나는 천국이 되게 합니다. 예수님의 나라는 겨자씨의 나라, 종의 나라입니다. 너무 미약해서 세상에 드러나지 않고 숨어 있듯이 보이지만 세상을 행복하게 만드는 생명의 불씨를 갖고 있는 불멸의 나라입니다.

 예수님이 육신으로 부활했다는 것은 생전에 예수님이 살았던 삶의 불멸성을 말하는 겁니다. 만약 우리가 예수님의 육신의 부활을 찬양하고자 한다면 그가 살았던 삶의 법칙을 따라야 하는 거지요. Wright 교수는 말합니다. "…that one should neither need nor want a ticket out of the created order into an ethereal realm. One should instead be hard at work making the world godly and just." 번역하면 이렇지요. 〈사람들은 창조된 질서 밖을 나와 천상의 영역으로 들어가는 티켓을 원하지 않는다. 그 대신에 사람들은 세상을 경건하고 정의롭게 만들기 위해서 열심을 내야 한다.〉 부활절에 거의 모든 교회들이 인용하는 고전 15장의 결론은 결국 주의 일에 더욱 힘쓰는 자들이 되라는 것이라고 그 교수는 말하고 있습니다. 예수님의 육신의 부활은 일장춘몽 같은 자연의 삶을 정리하고 난 이후에 일어나는 일련의 운명이 아닙니다. 육신의 부활은 예수님이 말을 한 대로, 나를 믿는 자는 죽어도 살겠고, 살아서 나를 믿는 자는 영원히 죽지 않는 겁니다. 이 땅에서 구현하는 그 나라, 그 천국의 생명과 진리의 영원성을 말한 것이지요. 말하자면 집안에 평화와 안정과 행복을 만들어 낸 그 며느리가 살았던 종 된 섬김의 삶은 영원한 진리여서, 그녀가 자연의 시간을 따라 죽을지라도 가족에 평화를 구축한 그 삶의 진리성은 영원할 거란 말이지요. 아직 자연의 시간에 살고 있으나 예수님의 천국에 들어가서 예수님의 삶의 법칙으로 살고 있는 우리는 이미 영생을 누리고 있는 거라는 말이지요. 이럴 때 자연의 시간과 영생은 맞물려 있는 것이고, 땅과 하늘은 겹쳐있는 것입니다. 천국은 우리를 기다릴 수 없습니다. 기다릴 필요가 없습니다.(Heaven can't wait). 천국은 벌써(Already) 왔으니까요. 지금. 바로 여기에.

열여섯 번째 메일

아빠!

　많은 시간을 뒤척이다가 요점이 정리되는 것 같아 메일을 보냅니다. 오늘 아침 새벽 기도회 말씀에서 하나님은 회막문에서 모세와 친구처럼 이야기하는 장면이 나오더군요. 모세도 하나님에게 친구처럼 굴었지요. 꼬치꼬치 따지기도 하고, 숨을 죽여 경청하기도 하고, 협상하기도 하고, 엄포도 놓고, 때로는 거래도 했지요. 모세와 하나님의 관계를 서로 친한 친구 관계로 성서는 보고하고 있습니다. 말하자면 모세가 하나님으로부터 들었다는 말이나, 명령이나, 부탁은 거역할 수 없다는 말이지요. 좀 더 신학적으로 말하면 이스라엘 민족이 모세에게 부여한 절대 권한을 그렇게 말했다고 볼 수 있지요. 또는 모세의 영적인 헌신 즉 기도와 카리스마를 그렇게 말한 것이지도 하고요. 모세가 하나님께 위탁하고 의논하는 삶의 모양과 내용 말이에요. 한 번은 미리암이 모세를 비방하고 그 권위에 도전하다가 문둥병이 걸렸다고 기록하고 있어요. 하나님과 모세와의 친구 관계는 그렇게 가볍게 여길 성질의 것이 아니라는 말이지요. 그들이 서로 갖고 있는 소통의 질과 농도와 내용이 특별하다는 것이지요. 이렇듯 친구 관계도 그런데 하물며 아빠와 아들 관계는 어떻겠어요. 모세에게 하나님은 친구였지만, 예수님에게는 하나님이 아버지였답니다. 아버님이 아니고 아빠 말이에요.
　우리 아버지는 사법서사였어요. 옛날 서대문 구청을 끼고 서대문 사거리는 대서소가 늘어서 있었지요. 그때는 글 모르는 사람들이 많았고, 청사에는 민원실이 따로 없었기 때문이었어요. 어느 날 붓글씨와 한시 쓰기를 즐기셨던 아버지가 남겨 놓은 작은 책자를 뒤적이다가 유일하게 한 장 남은 명함을 발견했어요. 아, 그 명함이었어요. 서대문 사무실 책상에 늘 놓여 있던 바로 그 명함, 세로로 성함 세 글자가 크게 쓰여 있고, 옆에는 작은 글씨로 주소가 길게 세로로 적혀 있는 하얀색 바탕에 까만 글씨의 단순한 명함 말이에요. 지금처럼 로컬 전화번호, 모바일 전화번호, 인터넷 주소, 이메일 주소, 팩스 번호, 포스트 박스 번호뿐만 아니라 앞과 뒤로 한글과 영문으로 표기한 디자인이 고급스럽고 칼라풀한 명함이 아니지요. 까만 인쇄 활자로 또박또박 몇 글자만 한문으로 박혀있는 아날로그 명함이었어요.

오늘은 어버이날, 아버지의 명함을 꺼내 듭니다. 司法書士 韓基萬, 서울特別市 西大門區 北阿峴洞 3의 249. 아버지가 그 명함 속에서 나를 불러 북아현동 집으로 데리고 가네요. 찻길에서 집으로 들어가는 골목, 대문 옆 쓰레기통, 안마당과 장독대가 온통 시멘트로 덮여 있던 북아현동 우물가 골목에 있는 집입니다. 시험 날이면 삐걱거리는 나무 대문 빗장 사이로 친구들이 달라붙어 있곤 했었지요. 매미처럼. 마루에서 종아리를 걷고 회초리로 맞고 있는 나를 구경하려는 거였어요. 우리나라 최초의 여판사인 황 판사의 뒤를 이어 네가 한 판사가 되어야 한다며, 황과 한의 히읗 소리를 강조하면서 시험지를 펼쳐 보던 사법서사 한기만 우리 아버지는 꿈에도 소원이 막내딸 하나만큼은 법조인으로 만들고 싶었나 봅니다. 왜 하필 막내였고 그것도 여자인 나였는지는 초등학교 때부터 맞춤 공부를 시킬 수 있는 자식이 막내딸 하나 밖에 남지 않았기 때문이었던 것 같아요. 다른 자식들은 서울에서 자리 잡느라 정신없는 틈에 벌써 이미 커버렸기 때문이었으니까요.

아버지 덕에 초등학교 때부터 신문 사설을 읽고 서론, 본론, 결론, 기승전결로 나누는 연습을 한 걸로 보아 만약 그때 대학입시제도에 논술이 있었다면 서울대 아니라 그 이상도 갈 수 있었겠지요. 아버지는 그런 이유로 학습에 관한 한 아낌없는 후원을 마다하지 않았어요. 서대문 장안의 중학교로 진학시키기 위해 위장전입을 하고, 과외는 물론, 참고서를 아낌없이 사주었습니다. 새벽형인 아버지는 늘 일찍 출근하였지요. 아버지를 놓칠세라 기다렸다 달려가서 "아부지, 나 돈"하며 손바닥을 펴서 아버지 가슴에 바짝 갖다 대며 이런저런 돈을 타내던 나에게 아버지는 자주 이렇게 말을 했습니다. 아예 내 창자까지 빼가라 이 녀석 허허. 어머니는 평생 아파서 누워있었고 육 남매의 자식들은 대학교, 고등학교, 중학교, 초등학교를 모두 다니고 있었으니 대서하는 수입으로 무슨 살림이 넉넉했겠습니까.

아파서 누워있는 어머니 품에 들어가지 못하는 나는 추운 겨울이면 아버지 품에서 자곤 했습니다. 1960년대의 겨울을 아나요. 아무리 서울 한복판에 살았어도 온돌방 윗목에 놓인 젖은 걸레가 꽁꽁 얼어버리는 겨울밤엔 방안에서도 콧등이 베일 정도로 시렸지요. 이불 밖으로 얼굴을 내놓지 못했으니까요. 그렇지만 나는 늘 따뜻했습니다. 여름이면 모시옷을 입던 아버지는 실제로 몸이 뜨거운 체질이었지요. 햇볕을 받으면 피부에 열꽃이 피곤했으니까요. 그래서 마루의 찬 바닥과 냉콩국수를 좋아했지요. "아부지, 아부지는 왜 이렇게 뜨거워?" 아버지 품에 들어가는 나는 눈보라 치는 겨울밤에는 더욱 잠이 잘 왔습니다. 아버지 품은 동굴이었지요. 원시인들이 불 피워놓고 아늑하게 여겼을 살을 에는 겨울날의 그 안거, 그 품을, 그 동굴을 잊지 못합니다. 작은 잘못과 작은 실수에는 엄격했지만, 큰 실수에는 오히려 안심을 시키며, 너그러웠던 그 품, 팔순의 큰 오빠가 이미 할아버지 할머니가 된 동생들 앞에서 아버지를 부르며 울먹거렸던 바로 그 품입니다. 아부지, 아, 아부지. 오늘 어버이날에 사람들은 말하네요. 달력에 어버이날에는 왜 빨간 글씨가 아니냐고요.

아빠 아버지! 유대교의 야훼 하나님 전통 속에서 예수님이 애절하게 가슴으로 부른 아빠 아버지는 제자들에게 특별한 것으로 각인이 되었지요. 초기 기독교회에서 보존되다가 유대교와 기독교를 구별하는 특별한 전통이 되었습니다. 바울이 로마서 8:15과 갈라디아서 4:6에-7에서 그런 차이를 말하고 있답니다.

> "너희는 다시 무서워하는 종의 영을 받지 아니하고 양자의 영을 받았으므로 우리가 아바 아버지라고 부르짖느니라"(롬 8:15)

> "너희가 아들인고로 하나님이 그 아들의 영을 우리 마음 가운데 보내사 아바 아버지라 부르게 하셨느니라 그러므로 네가 이 후로는 종이 아니요 아들이니 아들이면 하나님으로부터 유업을 이을 자니라"(갈 4:6-7)

바울이 핍박하고 다니던 예수님 제자들의 무리에게서 들었던 것, 그리고 본인 자신도 회심 후에 불렀던 것, 복음서 기자들이 한결같이 증거하고 있는 하나님에 대한 아빠 아버지라는 호칭은 예수님을 죽음으로 몰고 간 결정적인 원인이었지요. 안식일에 병을 고치는 율법에 금기된 것을 행하면서 이렇게 말을 하니 죽을 수밖에 없었던 것이지요.

> "예수께서 저희에게 이르시되 내 아버지께서 이제까지 일하시니 나도 일한다 하시매 유대인들이 이를 인하여 더욱 예수를 죽이고자 하니 이는 안식일만 범할 뿐 아니라 하나님을 자기의 친 아버지라고 하여 자기를 하나님과 동등으로 삼으심이러라"(요 5:17-18)

예수님이 이렇게 자연스럽게 부른 아버지라는 호칭을 두고 유대인들은 비아냥대기 일쑤였습니다. 광야의 시험에서 볼 수가 있지요. 두 번째 시험에서 마귀는 "네가 만일 하나님의 아들이어든....."이라고 말합니다. 말하자면 "네가 하나님의 아들이라며? 그러면 이렇게 해보시지!"라고 비웃는 것이지요. 예수님은 자기 자신을 일컬어 나는 하나님의 아들이라고 직설법을 써서 말하지는 않았습니다. 다만 하나님을 일컬어 아버지라고 말했을 뿐입니다. 4 복음서에서 아버지라는 용어는 예수님이 말하는 말 속에서만 등장하는데 마가복음에는 4번, 마태복음에는 44번, 누가복음에는 15번, 그리고 요한복음에는 저자의 편집적인 언급으로 등장하는 요1:14 "말씀이 육신이 되어 우리 가운데 거하시매 우리가 그 영광을 보니 아버지 독생자의 영광이요 은혜와 진리가 충만하더라" 그리고 빌립이 말하는 14:8 "...주여 아버지를 우리에게 보여 주옵소서 그리하면 족하겠나이다" 또 군중들이 말하는 8:41 "...아버지는 한 분 뿐이시니 곧 하나님이시로다"는 예외로 하고 109번이나 나옵니다. (Dictionary of Jesus and the Gospels p.271 Editors: Joel B. Green, Scot McKnight, I. Howard Marshall, InterVarsity press, 1992) 최초의 복음서인 마가복음에는 4번밖에 나오지 않았는데 복음서의 저작 시기가 후기가 될수록 그 숫자가 많아진다는 것은 신학적인 발전 과정에서 나온 결과라고 볼 수가 있습니다. 즉 예수님이 가진 하나님에 대한 아들 됨(Sonship)은 교회 전통이 되었고 그것은 곧 기독론적으로 발전되어 가장 나중에 써진 요한복음에는 예수님의 신분을 격상하여 예수님만 하나님의 아들이라고 표현하고 예수님을 따르는 자들은 하나님의 자녀들이라고 합니다. 자녀들이라고 하면 아들이라는 말에 함축된 특별한 특권이나 신분에 대한 어감이 조금은 결핍된 용어인 거지요.

예수님이 가진 하나님에 대한 독특하고도 전무후무한 아들 됨(Sonship)의 인식은 제자들에게 각인이 되어 전수 되었고, 이는 초기 기독교의 전통이 되다가 아예 기독론적인 용어로 정착이 되어 최종적으로는 삼위일체의 교리가 된 것입니다. 아들 됨(Sonship)이 아들(Son)이 된 것이지요. 이러한 신학적인 발전은 복음서를 대조해 보면 바로 알 수가 있어요. 마태복음의 저자는 같은 사건을 최초의 복음서인 마가복음을 참고하면서 거기에 첨가와 수정을 통하여 예수님의 아빠 아버지 전통을 강화한 것을 볼 수가 있습니다.

마가복음 3:35 하나님의 뜻대로   마태복음 12:50 내 아버지의 뜻대로
         14:25 하나님 나라에서   26:29 내 아버지의 나라에서
         10:40 (언급없음)   20: 23 내 아버지께서

집사님, 이제 우리는 잘못된 고집에 대한 신앙보다는 정직한 역사에 귀를 기울일 때입니다. 예수님이 하나님을 아빠 아버지라고 가슴 저리게 불러댄 것 때문에 복음서는 미드라쉬와 수정과 첨가와 삭제를 통해서 예수님을 아예 하나님의 아들로 소개하게 된 거지요. 이것을 문자 그대로 받아들인 교부들은 예수님이 사람이냐 아니냐를 두고 논쟁을 일삼게 되었고요. 한때 2세기경에는 예수님은 사람의 탈을 쓴 신이라고도 했던 적도 있어요. 그런 주장들을 가현설(Docetism)이라고 하지요. 역사의 한 정점에 우리처럼 있었던 사람이 아니라는 말이지요. 어떻게 사람이 하나님을 아버지라 할 수 있었겠느냐는 거지요. 그뿐인가요, 325년 니케아 신조가 내놓은 '예수는 하나님이시다'라는 말 때문에 이런 가현설이 횡횡하자 결국 이를 공박하기 위해서 381년에 콘스탄티노플에서 회의가 열렸지요. 거기서는 '예수는 인간이시다'라는 신조가 채택되었지요. 신성과 인성의 양성을 조합하기 위해 451년에 소집된 칼케돈 회의에서는 '예수는 참 하나님이시고 참 인간이시다'라고 결론을 내렸던 거고요. 그러니 이런 와중에 갈릴리 호숫가를 거닐던 역

사의 사람 예수님은 그만 희미한 옛 그림자로만 남게 된 거랍니다.

그러면 그간 이천년을 두고 이천 번이나 되는 부활절마다 부활한 일은 무엇이었을까요. 예수님의 신성을 거듭 고백하는 일이었나요, 또는 육체로 부활한 것을 강조하면서 예수의 인성을 재확인하는 일이었나요. 아니면 신성과 인성에서 이쪽이 저쪽을, 저쪽이 이쪽을 하나도 침범하지 않는 신비한 양성을 가진 삼위일체의 아들임에 감격하는 일이었나요. 만약 부활이 이런 일이었다면 하나님을 아빠 아버지라고 부른 예수님의 그 애절한 가슴은 결코 부활한 게 아닙니다. 예수님이 하나님의 아들 됨(Sonship)의 인식을 가진 것은 자기의 간절한 희망과 사명이 어떠하다는 것을 말해주는 것입니다. 유대교의 야훼 신앙에서는 결코 생각할 수도 없고 그래서도 안 되는 일이었지요. 하나님은 이스라엘의 야훼가 아니라, 온 세상의 아빠 아버지가 되는 일이었지요. 최초의 자료로 간주되는 Q 자료를 마태복음보다는 원전 그대로 보존하고 있다고 하는 누가복음은 예수가 제자들에게 이렇게 기도하라고 했다고 전하고 있습니다.

아버지여
이름이 거룩히 여김을 받으시오며
나라이 임하옵시며
우리에게 날마다 일용할 양식을 주옵시고
우리가 우리에게 죄 지은 사람을 용서하오니
우리 죄도 사하여 주옵시고
우리를 시험에 들게 하지 마옵소서

(눅 11:2-4)

예수님의 아빠 아버지는 일용할 양식을 주시는 분이고, 용서하시는 분이고, 보호하시는 분이었던 것입니다.

남편이 미국계인 미국의 초등학교 교사인 친구가 하루는 이렇게 말을 하더라고요. 가정에서나 학교에서나 어디서나 모든 삶이 영어로만 이루어질지라도 혼자 기도할 때만은 저절로 한국어로 나온다고요. 사람에게 제일 나중에 남는 것이 과연 무엇일까요. 한 번은 남편 목사와 함께 이런 말을 한 적이 있었어요. 도대체 문명과 문화의 발달과 발전이라는 게 무엇인가. 모든 것은 먹고 살기 위해서 발전하는 것이 아닌가. 그런데 기계를 먹고 살 순 없지 않은가, 컴퓨터를 씹어 먹을 수 있는가, 자동차를, 비행기를, 그리고 IT를 입에 넣고 배부를 수 있는가. 결국 최종 남는 것은 농업이 아닌가. 그런데 문명의 이기는 농업을 무너뜨리고 있지는 않는가 하고요. 과연 예수님에게 최종으로 남은 것은 무엇이었을까요. 아빠와 아기였습니다. 품고 안기는, 가슴과 가슴이 맞닿는, 생명과 생명이 포개지고 연이어지는 거요. 요한복음의 예수님은 아버지와 나는 하나라고 했거든요. 그러니 문자적으로 오해한 유대인들이 돌을 들어 치려고 했던 것은 당연한 거지요.(요 10:30). 요한복음은 아버지 하나님과 아들 예수님은 떼려야 뗄 수 없는 불가분의 관계로 말하고 있습니다. 요한복음 전체를 차지하다시피 한 엄청난 분량의 그 주장은 신학적인 발전에 의한 것이긴 하지만, 사형당하기 전 제자들에게 당부하는 유언 형태의 긴 강연입니다. 그토록 주장하는 것은 예수님 자신이 가르치고, 사는 삶의 내용과 방식이 하나님이 원하는 것이라는 것을 말하려는 것이지요.

유대인이 보지도 듣지도 못한 신성 모독적이고 이상하고 독특하게 여긴 예수님의 하나님과의 관계와 호칭이 예수님에게 얼마나 진하고 감동적으로 배어있었는지 헬라어권의 교회들이 아빠라는 호칭은 아람어 그대로 사용하였어요. 디아스포라 유대인들과 헬라인들이 섞여 있었을 그 교회들의 언어는 분명 헬라어이었음에도 불구하고 하나님에 대한 호칭은 예수님이 개인적으로 사용한 아빠(Abba)라는 아람어를 그대로 사용했다는 말이지요. 아람어는 예수의 살 속에 배어있고 가슴속에 스며있는 고향의 언어입니다. 그래서 그런지 마가복음이 예수님이 하나님을 아빠라고 아기처럼 부른 것을 기록을 한 것은 겟세마네에서의 처절한 기도 때였습니다. 처절한 절체절명의 처지에서 예수님에게 제일 나중에 남은 것은 아빠 하나님이었습니다. 아기를 품은 아빠 아버지의 절대적 사랑과 그런 아빠의 사랑을 전적으로 신뢰하는 데서 나오는 아기의 절대적 평안, 즉 영생의 힘은 예수님으로 하여금 이스라엘을 넘어, 유대교를 넘어, 야훼를 넘어설 힘과 그에 따른 오해와 핍박을 이기게 했던 거지요. 십자가의 고통과 죽음도 그를 이기지 못했던 것입니다.

아빠로서의 하나님과 아기로서의 사람만 남는 자리에서 예수님의 나라, 천국은 시작이 되는 것이지요. 거기에는 아버지와 자녀들만 있습니다. 무슨 종교나, 혈통이나, 이념이나, 정치나, 사회나, 경제나, 민족이나, 종족이나, 빈부나, 피부 색깔이나, 신분의 계층뿐만 아니라 그 어떤 전통으로도 이간 당할 수 없는 가장 나중 남는 것 그것은 아빠 하나님과 아기 사람이지요. 조건 없이 따뜻하게 품는 아빠, 그 품은 죽지 않는 생명의 자리이지요. 요한복음은 이렇게 말합니다. 영생은 곧 유일하신 참 하나님과 그의 보내신 자 예수 그리스도를 아는 것이라고. 영생의 자리, 아빠와 아기가 품고 안기는 자리는 맨 마지막 끝의 자리인 동시에 시작의 자리입니다. 여기서 하나님의 나라 천국은 비로소 열립니다. 아버지가 내 안에 내가 아버지 안에 있다고 요한복음의 예수님은 말합니다. 아빠!

"가라사대 아바 아버지여 아버지께서는 모든 것이 가능하오니 이 잔을 내게서 옮기시옵소서 그러나 나의 원대로 마옵시고 아버지의 원대로 하옵소서"(막 14:36)

열일곱 번째 메일

나사렛의 가족과 갈릴리의 가족은 달라요

집사님, 어느새 유월의 녹음이 세상을 바꾸어 버리고 말았습니다. 어디를 가나 꽃길, 초록 숲입니다. 삽시간에 세상을 점령한 녹음만큼이나 숨이 가쁜 각종의 최첨단 기술의 발전을 보는 것은 갈라 쇼보다 더 화려합니다. 어떻게 하든 건강하여 생명만 길고 길어진다면 다른 천국은 꿈도 꾸어지지 않을 지상천국입니다. 변하는 세상에 호기심이 많고 용돈은 그리 궁하지 않았던 시아버님은 "난, 죽기 싫다, 이 좋은 세상을 두고 왜 죽니"라고 하였지요. 이럴 때 혹 우리의 신앙이라는 것이 이런 세상을 더 쟁취하려는 수단으로 사용되거나 혹은 맨 마지막 숨을 거두기 직전, 지상천국이 붙잡을 수 없는 죽음을 극복할 수단으로만 남겨 두고 있는 것뿐인지 모르겠습니다. 돈과 건강이 우상이 되는 세상에서 정의, 평화, 평등, 공존, 공영과 같은 거대 담론은 참 우스워집니다. 요즘 소위 잘나간다는 사람들이 재산을 기부하고 나서 이런 담론들을 화두로 내놓는 사람들이 꽤 있더군요. 이럴 때 잠시나마 세상을 함께 사는 가치와 방식에 대해서 조금은 생각할 기회를 얻는 듯하지만 결국은 그들처럼 한 번은 끗발 나게 살아보고 싶다는 생각이 오히려 간절할 뿐입니다. 세상을 거부하기는 그 누구도 쉽지 않은 것 같습니다.

지난 월요일에 몇십 년 만에 청계산 기도원에 올라갔습니다. 중개축이 허용되지 않아서인지 옛 모습 그대롭니다. 산에선 부르짖는 기도 소리가 한창이구요. 옛 모습의 기도원과 산기도 소리는 내 청년의 때를 그대로 간직하고 있네요. 깡깡 얼어붙는 추운 겨울날 밤 가마니 대기를 늘어뜨린 바위 밑에서 함께 소리치며 기도했던 흩어 진 내 친구들이 거기 살아있습니다. 예배당에 올라가기 전 오른쪽으로 가파르게 난 계단 위에 원장실이 그대로 있고요. 하얀 터번 모자와 하얀 한복을 입은 원장님은 분명 돌아가셨겠지요. 댓돌 대신 시멘트 바닥이긴 하지만 초라하게 죽 붙어 있는 개인 기도실 앞에 신발 한 켤레씩 놓여 있는 것도 여전했고요. 잊지 못할 그 된장국 맛을 찾아서 된장찌개를 끓이며 산 지 삼십여 년이 지나서 올라온 기도원의 점심은 예전대로 꿀맛입니다. 가격도 삼천 원, 그런데 된장국 맛만큼은 잊었던 맛이었더라고요. 개척교회 사모를 지내며 된장국에는 어느 정도 달인 수준에 달하였다고 자화자찬하던 내가 먹기에 여전히 황홀한 맛이니 말입니다.

그날은 공휴일이라서 예상하지 못한 단체가 들이닥쳐서 점심이 모자랐습니다. 새로 하는 밥을 기다리며 못 먹은 사람과 모자라게 먹은 사람들이 이리저리 담소를 하고 있는데 어떤 청년이 들어오더니 내 옆에 앉는 거였습니다. 전도하다 오는 길이라고 했습니다. 얼굴은 그을음으로 착색이 되었고, 몸은 단단했으며, 작은 눈은 거짓이 없어 보였습니다. 전도하는 청년들이 흔히 입는 로고가 새겨진 하얀 반팔 티셔츠와 목에 건 나무 십자가가 힘차 보였습니다. 한편, 부러운 심정으로 어느 교회 소속의 전도팀이냐고 물었습니다. 그러나 그는 소속도 없이 혼자 이십 년째 노방전도를 하고 있노라고 했습니다. 주로 지하철이나 역에서 한다고 하면서 갑자기 전도의 내용을 영어, 일본어, 중국어, 스페인어, 독일어, 프랑스어로 거침없이 쏟아내고 있었습니다. 유일한 동료인 듯한 또래의 청년이 그가 9개 국어를 한다고 귀띔을 해 주었습니다. 몇 가지 전도의 내용을 각 나라 언어로 구사하려고 외우다가 그렇게 되었노라고 했습니다. 학교 다닐 때는 정말 돌대가리였는데 전도하다 이렇게 되었다고 익살스럽게 말하더라고요.

노방전도의 계기를 묻게 되었고 그가 45살이라는 것과 25살 때 죽을병에 걸려 3년을 꼼짝도 없이 누워있다가 나은 그 길로 거리로 뛰어나와 여기까지 왔노라고 했습니다. 도무지 45살이라고는 믿기지 않는 반듯하게 잘생긴 근육질의 청년이었습니다. 스무 살 후반이나 서른 초반 정도의 청년으로 밖에는 안 되어 보였으니까요. 결혼을 안 해서 젊어 보이는 것 같다고 하면서 결혼할 생각도 있지만, 누가 나 같은 사람에게 올까 보냐고 하더라고요. 아무리 목사의 딸이라도 결혼하면 돈, 돈, 돈을 가져오라고 할 것이 아니냐고 하더라고요. 왜 정상적인 경로를 밟지 않느냐고 하면서 그간 신학교 갈 생각은 없었냐고 물었습니다. 많은 사람이 그렇게 물었을 테지만요. 그는 말했습니다. 어떻게 그 쓸데없는 학문을 한답시고 그 많은 세월을 죽일 수 있느냐고, 한 시라도 많은 사람에게 복음의 씨앗을 뿌려야 한다고 말이에요. 그러면서 간간이 비치는 신앙적 확신은 강하고 위험한 수준의 언어로 구사되고 있었습니다. 아슬아슬하게 느끼면서 교회의 건전성을 위해 신학의 필요성을 강조하며 달려 온 나는 남다르게 경청하고 있었습니다.

　어느 교회에라도 적은 두고 있느냐고 했더니, 언젠가 강남역에서 전도하다가 새우잠을 자는데, 떼를 지어 가는 사람들이 있어 따라서 가보니까 사랑의 교회더라고 하면서 거기를 잠깐 다녔었노라고 했습니다. 옆의 동료가 하는 말이 그동안 목사님들이 교회나 기도원 집회 때 불러서 세운 적이 꽤 있다고 했습니다. 혹시 따르는 자들이 있냐고 했더니 없다고 하면서 동료를 보며 저 녀석 하나를 하나님이 붙여 주었는데 맨 날 싸운다고 씽긋 웃더라고요. 내가 웃으면서 말했습니다. 남이 못 할 일을 하는 것은 사실이지만 참 위험하다고, 다행히 이런 건전한 기도원을 상관하는 걸 보니 마음이 놓인다고, 그런데 만약 따르는 자들이 생기기 시작하면 그런 바로 위험 신호라고, 정말 그때는 위험한 것이라고, 교주가 그렇게 해서 생기는 것이라고 말했습니다.

모락모락 구수한 김을 올리며 새 밥이 도착했습니다. 된장국에 홀려서 한 숟가락 더 먹으려고 줄 서서 기다리는 우리 일행들은 어린아이들 같았습니다. 나는 갈기갈기 갈라진 그의 발뒤꿈치를 잊을 수 없습니다. 맨발로 다니는 걸까 의아하면서 그의 가족들을 떠 올렸습니다. 미친놈, 그는 가족들에게 미친놈이 틀림이 없을 겁니다. 그의 건전성에 다소 안심하면서도 나는 어느새 그의 큰 누나쯤 되어 있었습니다. 게다가 그런 식의 거리 전도에 반감을 품어 오던 나였기 때문이지요. 아직도 그를 이해하지는 못하지만 부인할 수 없는 한 가지, 그는 거부하기 힘든 세상을 거부하고 산다는 것이지요. 그는 칠 년이 하루처럼 지나갔노라고 말했습니다. 나오면서, 밥을 먹고 있는 그에게 할 수 있는 말은 수고하세요 였습니다. 그가 아직 순진해서일까요, 정신 분열에서 나온 것이 아니어서일까요, 나는 예수라는 둥, 나는 선지자라는 둥 그러지는 않는 게 분명합니다. 그간 교회 집회나 기도원 집회 때 섰던 것으로 보아서나, 맹종하는 자들이 없는 것을 보면 적어도 그는 아직 오염되지는 않은 게 분명합니다. 그러나 그가 나이가 더 들어가면서는 어떨지 잘 모르겠습니다. 신학적 받침이 없는 상태로 직접 깨닫는 수준의 메시지라는 것은 참으로 불안하기 그지없는 것이지요.

집사님 기억나세요? 김천의 그 예수 말이에요. 내가 한번 고쳐보겠다고 애썼던 그 잘생긴 청년 말이에요. 언제는 자신이 꿈꾸는 자칭 메시아 왕국을 위해 집 앞마당을 팠었지요. 거지들의 목욕탕을 짓는다고 하면서요. 왕왕 이런 사고들은 일어납니다. 얼마 전엔 예수님처럼 죽고 싶어서 십자가 자살을 한 운전기사도 있었잖아요. 보다 더 적극적이고 사악한 행위는 예수님을 빙자한 각종 이단들이지요. 몇몇 이단들은 끼리의 공동체를 위해 세상을 거부하게 하고요. 예수님 주변에서 예수님을 흉내 내며 예수님을 변질시키고 오해하게 하고 좀을 먹는 신학 부재의 신앙들과 정신 분열적 행태들은 참으로 한탄스럽습니다.

역사의 예수님도 나사렛의 가족들과 고향 사람들에 의해서 미친놈이라고 여겨졌습니다. 그 이유는 종교적 주장이나 맹종이 아닙니다. 단 한 가지 이유 곧 하나님을 아버지라고 한 것과 하나님의 뜻을 따르는 자들이 내 어머니와 형제와 자매라고 한 것입니다. 예수님의 이러한 우주적인 가족관은 이스라엘의 가부장적인 가족제도와 유대교의 혈통적, 종교적인 인종적인 가족제도와 대치되는 것이었습니다. 혈통적이고 민족적이고 종교적인 경계를 넘어서는 것이었지요. 그래서 나사렛의 가족들과 고향 사람들과 유대인들은 그를 반가족적, 반국가적, 반유대적 인물로 오해하게 된 것입니다. 심지어 예수님의 친속들이 예수님이 미친 것으로 생각하고 붙들어 오기까지 했습니다.(막3:21) 예수님은 그들에게 미친놈이었고, 귀신 들린 자였으며, 귀신의 왕이었고, 신성 모독자였으며, 술꾼이었고 먹기를 탐하는 자였고, 세상을 혼란에 빠뜨리는 선동자였고, 정치적인 반역자였습니다. 아버지 하나님 나라의 세상을 열고 들어간 예수님에게 이 세상은 더 이상 그의 처소가 아니었습니다. 예수님의 거대 담론의 시작은 전 인류가 하나님을 아버지로 부르는 일이었는데, 그것이 세상을 거부한 몸짓으로 비쳤다면, 그 몸짓은 또 다른 종교적, 신비적, 이념적 공동체를 위한 것이 아니라 바로 이 우주적인 가족에로의 초대인 것입니다.

가장 최초의 복음서인 마가복음에는 나사렛의 가족은 등장하지 않습니다. 혈통적인 족보도, 탄생도, 성장도 기록하고 있지 않습니다. 가장 특이한 것은 예수님이 죽는 그 어느 장면에서도 어머니 마리아는 등장하지 않는다는 거예요. 나사렛의 가족은 예수님을 설득하러 온 것 같은 모습의 가족이 잠깐 언급될 뿐이고(막 3:31-35). 그를 이해할 수 없어서 한탄하는 친척들과 고향 사람들뿐이었어요.(막 3:21-22,30, 6:3) 마가복음은 철저히 나사렛의 가족을 배제합니다. 갈릴리의 예수님만을 기록하고 있는데, 그의 복음서를 갈릴리에서 천국 복음을 전파하는 것으로 시작합니다. 이런 시작은 하나님 나라의 시작이며, 복음의 시작이며, 요셉의 아들로 보다는 하나님 아들로서의 생애의 시작을 말하고 있습니다. 마가복음의 다른 사본에는 없다고 하지만 정경의 마가복음은 예수님을 "하나님의 아들"이라 언급하며 시작하고 있습니다.

"하나님의 아들 예수 그리스도 복음의 시작이라"(막1:1)

갈릴리에서 하나님 나라 복음을 전파하고 그런 삶을 시작하는 예수님의 이미지는 나사렛이 상징하는 종족적 혈통과 유대종교를 떠난 것입니다. 갈릴리에서 시작하는 예수님의 삶은 예수님이 구가하는 새 세상이며, 그것은 곧 복음입니다. 그 복음은 인류가 함께 보편적으로 누릴 자유, 평등, 평화, 정의, 공존, 공영, 공생인 것이지요. 사실 당시 갈릴리는 지형적으로 무역의 중심지로 세상의 사람들이 들고 나는 항구여서 갈릴리는 우주적 세계성을 상징할 수 있는 지명이 될 수가 있습니다. 예수님은 이 갈릴리에서 세계를 한 아버지 앞에 모았고, 인류를 거대한 한 형제(fraternity)와 자매(sorority)로 태어나게 한 것입니다. 예수님이 "내가 이를 위하여 왔다"고 하는 그 사역과 전도란(막1:38) 하나님의 한 가족이 되게 하려는 하나님의 뜻을 가르치는 것이고, 가르침을 듣고 그대로 행하는 자들이면 다 하나님의 가족이라는 말이지요.

예수님이 나사렛의 가족을 떠나 갈릴리의 가족을 형성하는 것을 보여주는 장면이 몇 군데 있습니다. 1945년 이집트의 낙 하마디에서 발견한 말씀

복음서(Saying Gospel)인 도마복음 55장과 정경 복음서인 마가복음 3:31-35, 누가복음 11:27-28, 누가복음 12:51-53이지요. (Son of Man ; The mystical path to christ, by Andrew Harvey, 1998, Penguin Putnam)

"예수가 말씀하시기를 누구든지 아비나 어미를 미워하지 않는 자들은 나를 따를 수 없고 누구든지 형제들이나 자매들을 미워하지 않는 자들은 내게 소용이 없다"(도마복음 55장)

"때에 예수의 모친과 동생들이 와서 밖에 서서 사람을 보내어 예수를 부르니 무리가 예수를 둘러앉았다가 여짜오되 보소서 당신의 모친과 동생들과 누이들이 밖에서 찾나이다 대답하시되 누가 내 모친이며 동생들이냐 하시고 둘러앉은 자들은 둘러보시고 가라사대 내 모친과 내 동생들을 보라 누구든지 하나님의 뜻대로 하는 자는 내 형제요 자매요 모친이니라"(막 3:31-35)

"이 말씀을 하실 때에 무리 중에서 한 여자가 음성을 높여 가로되 당신을 밴 태와 당신을 먹인 젖이 복이 있도소이다 하니 예수께서 가라사대 오히려 하나님의 말씀을 듣고 지키는 자가 복이 있느니라 하시니라"(눅 11:27-28)

"내가 세상에 화평을 주러 온 줄로 아느냐 내가 너희에게 이르노니 아니라 도리어 분쟁케 하려 함이로라 이후부터 한 집에 다섯 사람이 있어 분쟁하되 셋이 둘과, 둘이 셋과 하리니 아비가 아들과, 아들이 아비와, 어미가 딸과, 딸이 어미와, 시어미가 며느리와, 며느

리가 시어미와 분쟁하리라 하시니라"(눅 12:51-53)

이보다 더 급진적인 언사가 어디 있겠어요? 게다가 예수님 시대에는 가족과 가족의 법이 신성시되던 때이었으니 말이에요. 그러나 하나님 나라에서 수행할 조건 없는 용서와 사랑의 법에 가장 방해가 되는 것은 다름 아닌 유대사회의 핵을 형성하고 있는 유대민족 특유의 혈통적이고 인종적이고 종교적인 가부장적 가족제도였던 것이지요. 구별은 차별을, 우월은 열등을, 성은 속을, 의인은 죄인을, 선민은 배타를 낳기 때문이지요. 하나님을 한 아버지로 하여 나사렛적인 가족 제도의 한계를 넘는다는 것은 인간에 대한 보편적 존엄에 대한 첫 발걸음입니다. 예수님은 이것이 하나님의 뜻이라고 말하고 있습니다. 갈릴리 해변을 중심으로 펼쳤던 그의 가르침과 행위는 그런 하나님의 뜻이 구체적으로 어떤 것이며, 어떻게 삶의 현장에서 실제로 적용되는가를 생생하게 보여 준 것이었지요.

마가복음은 '곧'이라는 용어가 많이 등장합니다. 영어로 immediately, forthwith, anon, straightway로 번역되었는데, 모두 헬라어 유수스($\varepsilon\upsilon\theta\upsilon\sigma$)이예요. 한국어로 '곧'이라고 번역한 것은 헬라어 의미에 가까운 번역이라고 할 수 있지요. 마가는 즉각적인 행동을 나타내는 이런 용어를 첫 장에서만 9번이나 사용하고 있는 걸 봅니다. 마태와 누가는 그저 성령에 이끌리어(led)라고만 되어 있는데, 마가는 '곧' 몰아내신지라(driven) 라고 하고 있습니다. 보다 능동적이고 역동적이고 즉각적이고 직관적이지요. 마가복음의 의도를 엿볼 수가 있습니다. 마가복음의 예수님은 나사렛의 예수님을 언급하지 않습니다. 예수님에게 꼬리표처럼 따라다니는 수식어인 '마리아의 아들'이라는 말 대신에 '하나님의 아들'이라고 선언하며 복음서를 시작합니다. 예수님에게서 가차 없이 나사렛을 떼어 내고, 서둘러 하나님의 소명을 받게 하고, 하나님의 뜻을 행하도록 서둘러 성령을 따르도록 한 마가복음은 예수님이 제자들을 부르는 장면에서도 제자들로 하여금 있던 자리를 서둘러 떠나서 예수님을 바로 따르게 하고 있는 걸 볼 수 있습니다.

"곧 물에서 올라오실새 하늘이 갈라짐과 성령이 비둘기 같이 자기에게 내려오심을 보시더니 하늘로서 소리가 나기를 너는 내 사랑하는 아들이라 내가 너를 기뻐하노라 하시니라"(막 1:10-11)

"성령이 곧 예수를 광야로 몰아내신지 곧 그물을 버려두고 좇으니라 곧 부르시니 그 아비 세베대를 삯군들과 함께 배에 버려두고 예수를 따라 가니라"(막 1:12,18,20)

예수님의 새 세상인 하나님 나라를 사는 방식은 예수님을 나사렛의 사람 혹은 마리아의 아들 혹은 요셉의 아들로 알고 생활하던 모든 유대 전통적 사회 관습과 제도와 종교적 율법에서는 이룰 수 없는 것이므로 속히 버려두고 떠나는 일이었던 것이지요. 갈릴리적 삶의 방식을 이해할 수 없는 나사렛적인 사고 체계를 두고 예수는 이렇게 말했지요.

"새 포도주를 낡은 가죽 부대에 넣는 자가 없나니 만일 그렇게 하면 새 포도주가 부대를 터드려 포도주와 부대를 버리게 되리라 오직 새 포도주는 새 부대에 넣느니라"(막 2:22)

마가복음은 갈릴리 예수님과 함께 새 세상, 하나님 나라를 시작한 어부 제자들을 제일 먼저 회당으로 데리고 갑니다. 의미심장한 안식일이었고, 게

다가 귀신들린 자에게 이었습니다. 예수님이 누구이며, 하나님이 원하는 삶이 무엇인지를 훤히 알 수 있는 절묘한 사건이지요. 아마 예수님은 일부러 이런 조건을 노렸을 겁니다. 안식일에 병을 고친다는 것, 회당에 귀신들린 자를 불러들인다는 것, 그리고 제일 용납하기 힘든 것인 귀신이 들린 자에게 하나님의 능력이 행사된다는 것들은 모두 새 세상의 것들인 거지요.

"안식일은 사람을 위하여 있는 것이요 사람이 안식일을 위하여 있는 것이 아니니"(막 2:27)

"안식일에 선을 행하는 것과 악을 행하는 것, 생명을 구하는 것과 죽이는 것 어느 것이 옳으냐"(막 3:4)

예수님은 나사렛을 나와 갈릴리에서 새 세상을 구가하기 시작했던 것이고, 그것은 인간이 누릴 수 있는 자유와 존엄의 권리를 선포하는 것이었지요. 집사님은 문밖에 서서 예수님을 붙들러 온 나사렛의 가족 중에 있나요, 아니면 세상을 어떻게 사는 것이(how to live) 하나님의 뜻인가를 듣고 행하려고 예수님 주변에 둘러앉은 갈릴리의 가족 중에 있나요. 만약 예수님을 믿는다고 하면서 예수님이 목숨을 걸고 제시한 인류 공존의 법칙을 무시한다면 용서받지 못할 죄를 짓는 거랍니다. 예수님은 사람의 모든 죄는 용서받을 수 있다고 합니다. 그러나 딱 한 가지, 아버지 하나님의 조건 없는 용서와 사랑을 통해서만 인류가 공존할 수 있다는 예수님의 법칙을 하시하는 것은 영원한 죄라고 단호하게 천명합니다. 이런 예수님을 미쳤다고 붙들러 온 친척들과 귀신이 들려 귀신의 왕을 힘입어 하는 일이라고 비방하는 서기관들에게 예수님은 처음으로 성령이 하는 일이 무엇인가를 말합니다. 성령이

하는 일은 세상을 살아가는 삶의 방식을 예수님의 방식으로 바꾸는 일이라고 말입니다.

"내가 진실로 너희에게 이르노니 사람의 모든 죄와 무릇 훼방은 사하심을 얻되 누구든지 성령을 훼방하는 자는 사하심을 얻지 못하고 영원한 죄에 처하느니라(막 3:28-29)

열여덟 번째 메일

대속론적 해석과 구원론적 해석은 달라요

개구리 때문에 여름밤은 한층 화려하고 풍요롭습니다. 울었다가 그치기를 밤새도록 반복하고 있네요. 슬퍼 우는 게 아니라서 그런가요. 까만 여름밤을 이토록 황홀하게 지새우게 하다니요. 불을 죄다 꺼봅니다. 안과 밖이 구별이 없어집니다. 그냥 모두 까망입니다. 침대에 두 팔 벌리고 누워 눈을 감습니다. 한 놈이 소리 짓을 하자마자 여기저기서 동시다발로 개굴개굴 법석입니다. 잠이 든 아파트가 깨겠어요. 연못에 내가 사는지 내 방에 녀석들이 들어와 있는지 분간이 안 섭니다. 그러더니 갑자기 조용히 잦아듭니다. 시작을 알린 놈이 그치자고 했겠지요. 그놈이 왕일까요. 거긴 아파트 뒤편이에요. 손바닥만 한 연못을 가운데 두고 나지막한 산으로 둘러쳐진 작은 분지에 개구리 나라가 창궐해 있다는 걸 여름밤에나 알게 되지요. 그런데 어류와 파충류 사이에 끼어 물과 땅을 폴짝거리며 사는 양서류밖에 안 되는 꼴 난 그 개구리 나라에도 사는 방식이 있더라고요. 녀석들이 일사불란하게 울음통을 열었다 닫았다 할 수 있도록 통제와 질서를 다스리는 말과 방식이 있다는 말이에요. 지금은 새벽 3시 20분, 개구리 나라 성문이 이제야 닫혔나 봅니다. 기다려도 개구리는 다시 울지를 않으니 말이에요. 분명 새벽의 기운을 감지한 거지요. 칠흑 같은 밤에 제일 먼저 새벽의 소리를 듣고 그 나라의 성문을 닫을 줄 아는 건 그들만의 생태고 방식이니까요. 밤에만 울고, 비 오기 전에 울고, 새벽의 기운이 돌면 입을 다무는 개구리의 습성은 자연 생태계뿐만 아니라, 잠 못 이루는 우울한 밤을 살아있게 하네요.

예수님은 고민했어요. 그의 하나님 나라의 방식과 습성이 어떠한 것인가를 보여주고 알려주려고 전전긍긍했어요. 그리고 택한 것은 비유였습니다. 가르침의 삼분의 일이 비유에요. 비유라는 용어가 신약에 50번이나 나오는데 히브리서 9:9과 11:19를 제외하고는 모두 다 복음서에 있어요.(Dictionary of Jesus and the Gospels, Editors: Joel B. Green, Scot McKnight, I.Howard Marshall, IVP, 1992) 비유를 통해 하나님 나라를 직면하게 하고, 참여하도록 초청하고 그것에 맞게 살도록 원했던 거예요. 그런데 참 이상한 일이에요. 예수님이 비유를 말하는 목적이 그의 하나님 나라를 사는 방식을 가르쳐 주려는 것이었는데, 본래의 의도와는 아주 다르게 적용된다는 말입니다. 특히 누가복음의 비유들이 그렇습니다. 비유로 등장하는 이야기 속에는 그걸 듣고 있는 청중의 자리가 반드시 있게 마련인데요, 비유 해석의 기준이 대속론적이냐 구원론적이냐에 따라 그 자리가 달라진다는 것이지요. 말하자면 누구를 닮아서 누구처럼 생각하고 살라는 것인지가 확 바뀐다는 것입니다.

속죄를 위한 피 흘리는 제사법으로 예수님의 삶과 죽음을 설명한 바울의 대속론으로 예수님의 비유를 해석하려고 하면 그 본래의 의도를 오도하게 된다는 겁니다. 비유의 목적은 너희도 이렇게 해라, 이렇게 살라(do like this) 혹은 이런 태도를 취하라고 하는 삶의 방식의 변화를 말하는 것이거든요. 그런데 그것을 대속론적으로 해석하게 되면 이렇게 살라가 아니라 이렇게 은혜를 받아라 '대속을 통해서 값없이'가 되는 것이지요. 누가복음의 비유들에서 이런 자리바꿈의 현상이 두드러지게 나타나는데, 우선 그 비유들의 제목부터 잘못된 것 같습니다. 우리들이 흔히 말하는 유명한 비유의 제목들은 모두 대속론적이고 구속론적인 제목들입니다. 잃은 양 비유, 잃어버린 은전 비유, 탕자의 비유 말이에요. 다행히 개역개정판에서 그 제목들을 구원론적으로 바꾸어 목자의 비유, 여인의 비유, 아버지의 비유로 한 것은 참으로 다행한 일입니다만 여전히 구속론적으로 말하여지는 제목들에게서 청중 곧 우리들의 자리는 잃은 양의 자리, 구석으로 처박혀 들어간 잃어버린 은전의 자리, 불효하고 가산을 탕진하고 가문을 더럽힌 탕자의 자리입니다. 누군가의 절대적인 도움이 필요한 자리이지요. 그리고 절대적인 은혜가 필요한 자리이고요. 실로 얼마나 놀라운 기쁜 소식이 기다려지는 자리입니까. 그러나 과연 예수님이 그 비유를 말할 때 우리의 자리가 거기라고 말하는 걸까요.

비유로 말한 누가복음의 예수님은 그렇게 말하지 않았습니다. "이와 같이 너희들도 값없이 은혜를 받았느니라'고 하지 않는다는 말입니다. 오히려 예수님은 이렇게 말하고 있지요. "이와 같이 너희들도 하라"라고 말이에요. 무엇을 하라는 말이고 어떻게 하라는 말인가요. 무리를 이탈해 가시덤불 산속으로 기어들어가라는 말인가요, 아무도 안 보는 데로 숨어 들어가라는 말인가요, 탕자가 되라는 말인가요. 아니지요. 잃은 양 한 마리를 찾느라고 아흔아홉 마리를 버려두고서라도(지키는 목자가 없어 흩어지거나 사고가 나는 경제적 손실을 마다하고) 기꺼이 산속을 헤매고, 잃은 은전 하나를 찾았다고 찾은 은전 값보다 더 많은 비용으로 이웃을 불러 잔치를 하며, 당시의 문화에서는 불효 막심한 행위인 살아 있는 아버지에게 사후 받을 재산의 분깃을 미리 달라고 하여 결국 가산을 탕진하고 가문을 욕되게 한 탕자를 기다리며 받아들여 최고의 호화로운 잔치를 베풀어 주는, 그런 목자, 그런 주인, 그런 아버지처럼 되라는 말이지요.

그 비유들의 초점은 잃어버린 것에 있는 것이 아니라 잃어버린 것을 끝까지 주시하고 눈을 결코 떼지 않는 유일한 한 사람 바로 그 사람에게 있습니다. 모두 다 포기한 자리에서 포기하지 않는 한 사람 바로 그 사람의 자리가 우리의 자리라는 말이지요. 통상 붙여 온 이 비유들의 제목은 잘못된 것입니다. 다행히 제대로 제목을 말하고 있는 것이 하나 있는데, 선한 사마리아인이라 말하는 비유이지요. 그런데 그것마저도 구원파라는 이단 종파는 비유의 초점을 선한 사마리아인에 두는 것이 아니라 강도 맞아 죽어가는 유대 청년으로 바꾸어 버렸습니다. 대속론으로 강요된 알레고리 해석이지요. 강도 맞아 죽은 유대 청년이 우리이고, 선한 사마리아인은 바로 예수라는 말이지요. 평소에 사마리아인은 유대인들에게 하시를 받고 있었던 터라 유대 청년의 어려움을 그렇게 살펴주는 것은 어려운 일이었듯이 예수님이 우리의 구원을 위해 대속의 피를 흘려서 구원해 준 것은 참으로 기쁜 소식이라고 주장하는 것이지요. 그렇다면 사실 그들은 이 비유의 제목을 선한 사마리아인이라고 하지 말고 '강도 맞은 사람'의 비유라고 붙여야 할 것입니다.

예수님이 자신의 대속을 말하려고 이 비유를 말한 것인가요. 예수님은 비유의 결론으로 우리의 자리를 직접 정해주고 있습니다. "너희도 이와 같이 하라"며 정해 준 우리의 자리는 선한 사마리아인의 자리이지요. 동시에 그 자리는 자기를 따라 그렇게 살기를 바라며 그런 세상이 오기를(되기를) 꿈꾸는 갈릴리 예수님의 자리인 것입니다. 그저 예수님이 대신 흘려주는 용서의 피나 바라고 자기 연민에 갇혀서 이웃에 대한 책임을 간과하는 자기중심적이고 이기적인 사람의 자리는 아닌 것입니다.

집사님, 이제 기독교와 교회는 대속론을 빙자한 나약하고 무책임한 자리에서 일어서야 합니다. 이때까지 우리가 말해오던 비유의 제목들을 바꾸어 말해야 합니다. '잃은 양의 비유'는 '끝까지 찾아 나서는 목자'로, '잃어버린 은전의 비유'는 등불을 켜고 '샅샅이 뒤지는 주인'으로, '탕자의 비유'는 문 열고 '애타게 기다리는 아버지의 비유'라고 말해야 합니다. 그리고 '선한 사마리아인의 비유'라고 제대로 옳게 붙여 온 제목은 '강도 맞은 사람'으로 바꾸지 말아야 합니다. 예수님이 말하는 비유의 초점은 값없이 받는 은혜를 말하는 것이라기보다는 오히려 값을 치르고 피를 흘리는 것을 말하는 것이니까요. 교회가 이해해 왔던 예수님의 비유들에 대한 대속론적인 해석은 예수님의 삶의 방식과 우리의 삶의 방식 사이에 아무 연관도 없게 하지만(대속엔 값없이 피를 흘려주는 고마운 수여자인 예수님과 아무것도 한 것 없이 거저 대속을 받은 수혜자인 우리의 수직적, 권위적 관계일 뿐이니까), 조건이 없는 사랑을 통한 예수님의 구원론적인 비유에서는 예수님의 삶의 방식과 우리의 삶의 방식이 같은 자리에서 겹치게 되는 공집합의 자리입니다. 요한복음 14장 20절은 이렇게 증언하고 있습니다.

> "그 날에는 내가 아버지 안에, 너희가 내 안에, 내가 너희 안에 있는 것을 너희가 알리라"

아, 우리가 예수님을 따라 예수님의 방식으로 예수님처럼 살 때 비로소 우리가 아버지의 품 안에 있다니요. 이 땅에서 말입니다.

개구리는 개구리 삶의 방식으로 살듯이 예수님을 따르는 교회는 예수님의 방식대로 살아야 하겠지요. 그런데 교회가 꿈꾸는 것은 무엇인가요. 세상을 향하여, 세상에서, 세상 가운데서 '너희도 이와 같이 하여'(눅 10:37) '강도 만난 자의 이웃'(눅 10:36)이 되라고 하는 대(對)사회적 명령을 이행하기보다는, 교회 강국과 교회 제국을 이루려는 게 아닌지요. 그러면 그 야욕을 가능하게 하는 것이 무엇일까요. 바로 예수님이 누구인지를 말하는 기독론에 있었다는 것을 이제는 밝혀야 합니다. 아쉽게도 대속적 기독론은 바울의 의도와는 다르게 사용되어 제국교회를 만드는 데에 절대적인 영향을 발휘하고 있다는 것입니다.

교회의 정체성이 예수님의 삶의 방식에 있기보다는 단지 앵무새처럼 외우기만 하는 대속적인 구원관에만 있다면 교회는 하나님 나라, 천국을 이루기 위한 전초기지가 아니라 단지 기독교 종교주의의 집단에 불과한 것이지요. 그들의 종교적 만족 속에는 갈릴리의 예수님은 없습니다. 갈릴리 예수님의 삶은 역사적이고 실제적이고 구체적이기 때문이지요. 단지 입으로만 종알대고 앵무새처럼 외우기만 한다고 그 삶에 참여하게 되는 게 아닙니다. 왜냐하면 그런 삶은 길고 긴 시간에 걸쳐 완성되는 것이기 때문입니다. 결단과, 인내, 그리고 희생이 반드시 수반되는 삶이고, 그렇게 살기로 작정하고 애써서 실행해야 하는 좁은 길, 협착한 길이거든요. 강도 만난 자의 이웃이 되는 일이 자신의 일이고 그것이 아버지의 일이라고 말입니다. 세상에서 아버지의 뜻을 수행하는 것이 천국을 이 땅에 이루는 것이라는 말입니다. 요한복음은 17장 3절에 이렇게 말하고 있네요.

"영생은 곧 유일하신 참 하나님과 그의 보내신 자 예수 그리스도를 아는 것이니라"

그런 자들의 예배는 다릅니다. 그런 자들의 노래는 다릅니다. 그런 자들의 기도는 다릅니다. 그런 자들의 삶은 다릅니다. 유대 이스라엘이라는 세상이 예수님을 낯설어하더니 그를 감당 못하고 죽인 것과 마찬가지로 세상이 그를 따르는 자들을 낯설어하게 될 거라고 요한복음은 15장 18-19절에 예수님의 입을 통하여 전하고 있어요. 그 낯설음에 당황하지 말라고 이상히 여기지 말라고 말입니다.

"세상이 너희를 미워하면 너희보다 먼저 나를 미워한 줄 알라 너희가 세상에 속하였으면 세상이 자기의 것을 사랑할 터이나 너희는

세상에 속한 자가 아니요 도리어 세상에서 나의 택함을 입은 자인
고로 세상이 너희를 미워하느니라"

그런데 정작 그들을 낯설어하는 것은 세상보다는 오히려 교회와 기독교이니 이게 어떻게 된 일일까요. 갈릴리 예수님을 낯설어 하고 그가 살아가는 방식을 따르는 것을 어색해하는 것이 교회와 기독교라니요. 이유는 교회와 기독교가 갈릴리의 예수님을 그만 잃어버리고 말았기 때문입니다. 이천여 년의 역사 속에서 시대마다 그 문화가 요구하는 세속적 가치에 뭉그러진 이미지로 그의 얼굴을 성형한 결과이지요. 예수님의 모습이 어떻게 변하고 있든지 교회와 기독교는 그저 사도들의 신경과 대속론이라는 안가에 앉아 있기만 하면 얼마든지 보장되고 보존되는 것이니까요.

교회는 본래 예수님이 사시고 가르치신 것, 예수님의 비유들이 전하여 주는 아주 이상하고 기이한 삶의 방식을 세상에 풀어 놓기 위해서 태어난 거예요. 마태복음의 예수님은 이 땅에서 해야 할 일을 분명히 전하고 있지요. "가서 모든 족속으로 제자를 삼아라... 내가 너희에게 분부한 모든 것을 가르쳐 지키게 하라" 교회에서 무엇을 배우고 무엇을 지켜야 한다고 했나요. 예수님이 분부한 모든 것이지요. 기독교보다도 우선하고, 교리보다도 우선하는 예수님의 삶의 내용이지요. 그런데 유대민족이 도무지 이해할 수 없어서 예수님을 죽음으로 이르게 한 낯섬은 그 사랑의 법을 수행하도록 태동된 교회가 어느새 그걸 오히려 낯설어하고 이상하게 여기게 된 것이지요. 예수님의 사랑의 법으로 각 시대의 문화 속에서 살며 그 문화 위에서 그 문화를 변화시키며 하나님 나라를 건설해야 할 교회가 문화의 유혹 속에서 문화와 짝하고 문화에 동화되어 크고 거대한 교회 제국을 꿈꾸고 있는 것이지요. 그리고 이 교회 제국을 구축하는데 절대적이고 결정적인 역할을 담당한 것

이 이렇게 되리라고 바울이 생각지도 못한 곡해된 대속론이구요. 그 이론이 생기게 된 배경은 삭제된 채 문자적인 대속론만 가지고 그것이 기독교의 모든 것인 양 세상을 향하여 기독교의 우월성과 절대성을 주장하는 무기로 사용하고 있지요. 마치 북한이 미사일을 붙들고 강성대국을 외치는 것과 같지 않나요.

혹 유대교적 망령이 되살아 난 건 아닌지요. 정체성을 확고히 하기 위해서 율법을 점점 강화하고, 성전을 점점 화려하고 웅장하게 치장하고, 대속제사를 점점 거창하게 형식화하던 이스라엘 민족이었지요. 북한이 미사일과 거대한 건물과 동상, 거창한 행사에 집착하는 것과 마찬가지로 말입니다. 북한 주민은 굶어 죽어 가는데 미사일은 발사되니 말입니다. 기독교와 교회는 어떻습니까? 과연 기독교의 정체성을 나타내는 것이 무엇이어야 하나요? 세상이 이해할 수 없는 예수님의 사랑법인가요, 아니면 바울의 대속이론인가요. 기독교와 교회가 본래의 정체성을 잃어버리지 않기 위해서 전전긍긍하고 애써야 하는 것이 무엇이란 말입니까. 교회가 세상에 있어야 하는 존재 이유가 무엇이냐는 말이지요. 의심해 보건대, 타종교, 타문화, 타인종, 그리고 타경험들과는 대화가 불가능했던 유대종교의 우월적 선민주의 망령이 기독교에 옮겨붙은 건 아닌지요. 갈릴리 예수님이 채찍을 휘둘렀던 예루살렘 성전주의가 되살아 난 것은 아닌지요.

또한 소비주의와 물량주의까지 교회에 들어와 교회제국을 이루는데 큰역할을 하고 있답니다. 교회는 소비자의 입맛에 맞게 모든 인프라를 갖추어야 사람들이 몰려온다는 걸 미국식 소비문화에서 배웁니다. 성장을 위한 전략은 마케팅 전략이지요. 많음, 많음, 많음의 황홀경이 어떠한가를 대형마트의 물량주의에서 배웁니다. 동네 슈퍼는 이 대형마트들과 경쟁할 꿈조차 꾸지 못하고요. 많은 물량과 많은 군중이 가져다주는 그 황홀경을 은혜라고 착각합니다. 신나고 기분 좋으면 은혜받는 것이니 교회는 어떻게 해서든지 신나고 기분 좋게 하여 구매력을 발산시켜야 하는 것이지요. 이런 대형 마트화 된 교회와 소비자인 교인들을 두고 성경의 '메시지' 번역을 쓴 유진 피터슨은 이렇게 말하고 있습니다. 단지 규모가 크다는 이유로 큰 교회로 부임하려는 친구에게 쓴 편지랍니다.(유진 피터슨 The Pastor, 양혜원 옮김, 유진 피터슨 지음, IVP, 2011, p251)

"인간이 예수님의 십자가를 통해서 계시된 하나님이 아닌 다른 종류의 초월성을 찾는 데는 세 가지 길이 있네. 바로 알코올과 마약을 통한 황홀경, 오락적 섹스를 통한 황홀경, 군중을 통한 황홀경일세. 교회 지도자들은 마약과 섹스에 대해서는 자주 경고를 하지만, 적어도 ... 군중에 대해서는 결코 경고를 하지 않네. 아마도 군중을 통해서 자기만족을 많이 얻기 때문인지도 모르겠네. 그러나 군중은 과도한 술과 비인격인 섹스만큼이나 철저하게 영혼을 망친다네. 초월성을 느끼게 해주지만 하나님을 향하게 하는 초월성이 아니라, 오히려 하나님으로부터 멀어지게 하는 거짓 초월성이라네. 종교적인 굶주림은 만족을 모르는 자아의 본성에 뿌리를 두고 있네. 우리는 위로 혹은 아래로 피할 수 있네. 마약과 비인격적인 섹스는 아래로 잘못 초월하는 것이고, 군중은 위로 잘못 초월하는 것일세. 그래서 축구 경기장에서든, 정치 집회에서든, 교회에서든, 모든 군중은 기본적으로 같은 정서를 가지고 있다네. ...하지만 나는 정말로 군중이 술이나 섹스보다 더, 훨씬 더, 위험하다고 생각하고, 회중을 규모의 관점에서 보지 않고... 그리스도 안에서 성숙해 갈 수 있는, 군중이 아닌 공동체로 바라보는 관점을 키울 위치에 있는 사람은 지구상에서 아마 목사밖에 없을 것이라고 생각하네. 자네의 현재 회중은 규모 면에서 볼때 기독교적 성숙을 이루어가는 자네의 목회 소명을 발휘하기 좋은, 거의 이상적인 규모일세."

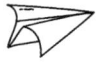

열아홉 번째 메일

교회제국에서 세상으로, 그리고 하나님 나라로

집사님, 여름의 한복판입니다. 글을 쓸 수 있는 컴퓨터와 책상 그리고 스탠드 램프와 한여름의 새벽이 있는 것에 새삼 행복해합니다. 별것 아니지만 짓누르는 일상의 언덕을 맞닥뜨리고 엎드려 기도하고, 가슴으로 절망하고 한숨짓고 서성댔었습니다. 이제 겨우 막 넘어 온 참이니 이 새벽, 늘 쓰던 컴퓨터, 책상, 스탠드들이 처음 맞이한 것처럼, 새로 산 것처럼, 모두 새것으로 보입니다. 넘어 온 언덕 저편에서 아직 서성거리고 있을 때, 버둥거리며 넘어오느라고 손톱에 피가 맺혀 있었던 그때, 이 고비만 넘으면 내 살았던 평범한 일상 이외에는 아무것도 더 바라지도 않아도 될 천국일 것 같았습니다. 문득 다시 찾은 이 일상의 행복을 빼앗기지 않았으면 좋겠다는 생각이 스쳐가더니 울컥 눈물 반, 기도 반으로 가슴이 뻐근해집니다.

글은 나를 이끌고 어서 저 태초로 가자고 조릅니다. 성경이 생각납니다. 성경은 태초라는 단어부터 시작되니까요. 구약의 창세기의 첫 단어가 태초이구요, 신약에서는 요한복음의 첫 단어가 태초랍니다. 창세기는 이 땅에 물질 세상의 시작을, 요한복음은 예수님으로부터 시작되는 하나님 나라 세상을 말하는 것이지요. 그런데 이상한 것을 발견합니다. 이 둘이 가지고 있는 공통점인데, 창세기의 태초에 물질 세상은 혼돈, 공허, 깊은 흑암이거든요. 그런데 요한복음의 태초에도 인간 세상은 흑암과 무지였어요. 그런데 태초의 그런 상황에 희망을 함께 품고 있다는 걸 알 수 있어요. 창세기에는 수면에 운행하시는 하나님의 신이구요(창 1:1). 요한복음은 은혜와 참이신 예수님이라고 말하고 있답니다(요 1:16-17). 그렇고 보니 혼돈과 공허와 흑암과, 어둠과 무지를 걷어 낼 수 있는 유일한 길들도 또한 태초에 제시되어 있는 걸 알게 됩니다. 눈물의 하나님과 예수님이지요. 태초에 눈물이 함께 있었더란 말입니다. 결국 모세의 율법을 허물 수 있는 것은 눈물이었습니다.

태초로 가니 비로소 보입니다. 어둠과 공허를 봅니다. 다음에 물과 예수님을 봅니다. 그 다음엔 아름다움과 구원을 보지요. 그리고 깨어나 이 아침에 물과 예수님이 만나는 자리를 봅니다. 새벽이슬입니다. 인간의 어둠과 공허가 태초의 것임을 알고 아무것도 정죄할 수 없어집니다. 그리고 새벽이슬의 눈물로 그들을 이해합니다.

"태초에 하나님이 천지를 창조하시니라 땅이 혼돈하고 공허하며 흑암이 깊음 위에 있고 하나님의 신은 수면에 운행하시니라"(창 1:1)

"율법은 모세로 말미암아 주신 것이요 은혜와 진리는 예수 그리스도로 말미암아 온 것이라"(요 1:17)

집사님, 이 아침은 울렵니다. 넘어 온 언덕 저편에 초라하게 서서 애써서 만든 고귀한 가난에 떨고 서 있던 나 자신을 이해하는 눈물을, 그리고 나의 혼돈과 공허와 흑암을 들여다보고 함께 울어 준 고마운 이들에 감사하는 눈물을 울렵니다. 그들의 심장에서 솟아 나와 송이송이 맺혀 있는 여름의 찬란한 아침이슬을 노래하렵니다.

아침이슬

물안개로 일어나
치맛자락 적시며
바다를 건너오시는
우주의 어머니여

막 태어난 자의 시작에
살고 있는 자의 중간에
죽어 가는 자의 맨 끝에

아롱대며 매달린 처절한 눈망울이여
아르케의 물방울이여
태초의 눈물이여

굳게 여민 도덕을 클르는 이여
높이 쌓은 율법을 허무는 이여
정갈한 역사를 비웃는 이여
한 방울 물로
불을 던지러 오시는 이여

간음하다 잡혀 온 여인에게
구푸려 한 줄 써 준

세상이 못 푸는 암호여

슬며시 놓고 간 돌무더기에
송알송알 맺힌
아침 이슬의 눈부심이여

한 여자 집사님에 대한 이야기입니다. 알코올 중독자 남편하고 사는 아주 예쁘고 착한 여인이었지요. 남편의 장사를 대신하느라고 트럭 뒤에 야채를 싣고 손수 운전하는 그녀를 보면 가슴이 저려오고 슬퍼지는 여인이었어요. 한밤중에 울면서 다급하게 전화가 왔어요. 물론 이런 전화는 여러 번 있었던 터였지요. 남편이 정신이 돌아서 도무지 제어가 안 되니 와서 기도해 달라는 것이었어요. 그날도 길거리에 쓰러진 걸 데리고 왔다고 했어요. 알코올 중독으로 온몸과 정신이 훼파돼서 도무지 사람으로는 여겨지지 않더라고요. 거실을 대각선으로 가로질러 가며 무슨 사열이라도 받는 장교처럼 호령하면서 손을 군대식으로 젓고 있더라고요. 괴물의 모습으로 말이지요.

그런데 그걸 안타깝게 보면서 난 자꾸 다른 생각에 잠겨 있었습니다. 저 사람과 저 여인, 뭔가 맞지 않는데, 뭔가 매치가 안 되는데, 맑고 깨끗한 저런 여인이 결혼할 정도의 남자라면 본래는 어떠했을까 하는 따위 말이에요. 더 이상 저들은 부부가 아니었습니다. 그 여인에게 남편은 인생을 동행하는 부부는커녕 등에 짊어진 짐이었지요. 그런데 그녀는 아직도 30대 초반이니 그녀가 남편을 지고 가서 도착할 천국은 너무 멀었어요. 아니 그날은 그렇게 생각이 됐어요. 보는 나도 지쳐 있었거든요. 갑자기 가슴이 막히고 힘이 쭉 빠지면서 그 여인이 질질 끌고 갈 힘들고 지루한 삶이 상상하게 되더라고요. 아이들이 셋이나 되거든요.

나는 사모라는 딱지를 잠시 떼고 싶었어요. 이상한 생각이 불쑥 올라온 까닭이지요. 혹시 저 여인에게 애인이 생기면 어떨 것인가. 새 애인, 저 슬픈 인생을 동반해 줄 힘찬 남자를 만나면 어떨까? 그 여인의 삶을 들여다보고 품어 주며, 인간 남편의 자리를 대신 해 줄 애인이 있다면 어떨까? 아니 그냥 짝사랑이라도 할 어떤 남자가 있으면 어떨까? 사랑의 엔도르핀이 생성되면 어떨까? 그날 난 기도하러 온 사모가 아니라 그녀와 동화된 슬픈 여인이었나 봅니다. 그러면 차라리 병든 남편을 수발하기가 훨씬 가벼울 것 같았습니다. 남편을 측은히 여길 것 같았습니다. 일도 힘차게 할 것 같고 아이들도 명랑하게 키울 것 같았습니다. 마구 상상을 해 댔습니다. 만약 그 여인이 그렇다고 했을 때 그녀에게 돌을 던지는 인간이 있으면 되래 더 큰 돌을 맞 던지리라는 울분으로 그 광경을 지켜봤습니다. 도덕도 아닌 율법도 아닌 그저 눈물로만 만나고 싶었습니다. 그 예쁜 여인을 말입니다. 아니 내 속의 또 하나의 나를 만나고 싶었나 봅니다. 태초의 나를 말이지요. 그날 나는 그녀에게 예수님을 남편 삼고 굳건한 믿음으로 살라고 말하고 싶지 않았습니다. 아무 말도 하기 싫었습니다. 그냥 부둥켜안고 울고만 싶었습니다. 하나님이 나에게 귀신 쫓는 능력은 주시지 않고 함께 우는 무능한 능력만 주신 걸 어떻게 합니까.

집사님, 내가 말하려는 것을 아실 수 있는지요. 태초로 가보니 거기엔 눈물만 있더라는 말입니다. 이 여인에게 생긴 흑암과 공허와 혼돈도 태초의 것이라는 말이지요. 그래서 이런 삶의 혼돈을 아름답게 할 수 있는 것은 다른 게 아니라 이해와 긍휼만이 그 해법이라는 말입니다. 그러면 교회는 혼돈과 공허와 흑암의 세상을 향하여 어떻게 서 있어야 하나요. 정죄로? 판단으로? 율법으로? 인과응보로? 아니, 태초의 모습으로 서 있어야 할 것 같네요. 교회는 세상에 대하여 무엇일까요. 바른생활일까요, 눈물일까요. 탕자의 아버지의 눈물. 이 눈물 속에서 아버지의 심장은 아들의 심장에 이식됩니다. 아버지의 DNA는 아들에게 유전됩니다. 아버지의 조건 없는 사랑의 박동이 아들의 심장에서 뜁니다. 조건 없이, 해석 없이 그저 부둥켜안고 우는 것, 이것이 살아 있는 예배이고 하나님이 받으시는 예배이고, 신령과 진정으로 드리는 예배라고 요한복음은 말합니다.

예배는 교회의 것입니다. 교회는 예배만 수행해야 하지요. 이외에는 세상에 대해서 간섭도 기웃대지도 말아야 합니다. 세상을 다 간섭하다 보면 군주가 되고 제국이 되는 것이지요. 세상의 것을 다 뺏어 오거나 흉내 내거나 세상처럼 되려고 비전을 세우는 거지요. 생각도 모습도 규모도 꿈도 모든 가치가 세상의 것이 됩니다. 어떻게 하면 세상의 것들을 흉내 낼 것인지를 연구하게 되고요. 일찍이 나사렛의 예수님이 갈릴리의 예수님으로 하나님 나랏일을 시작하려 할 때에 당한 시험의 종류를 제국교회는 다 갖고 있습니다.

교회는 세상에 대해서 군림하려고 나섰더라고요. 입주가 시작된 당시 서판교에 한번 가보셨나요? 이미 입당 예배를 드린 궁궐교회, 대궐교회, 교파가 다른 두 교회가 어깨를 나란히 붙이고 하늘 높이 치솟아 있는 엠파이어빌딩 교회, 마케팅 전략으로 온갖 인프라를 이미 다 갖추고 대주주의 지원으로 시작한 프랜차이저 교회 등등이 있습니다. 서판교 주민들이 다 모여들어도 자리가 빌 것만 같았어요. 사람을 복제하거나 만들어서라고 교회제국으로 끌어들일 기세더라고요. 교인들은 멋지게 꾸며 놓은 교회제국에서 보암직도 하고 먹음직도 한 사과들을 고르게 되겠지요. 각종 선교 프로그램, 전도 프로그램, 세미나 프로그램, 유아 프로그램, 책방, 커피숍, 휘트니스클

럽, 음식점 등등 말이에요.

　교인들은 언제든지 교회 제국에 들어와 최고의 편안함 가운데서 예배와 교제를 즐기고 땅에서 천국을 누리게 됩니다. 이 거대한 교회제국을 운영하느라 봉사라는 명목으로, 당번제로 나와 일하거나, 아니면 월급 주는 직원들을 쓰겠지요. 목사들은 그런 일을 하는 직원들이 얼마나 많은가에 따라서 등급이 매겨지겠지요. 능력의 등급 말이에요. 능력의 평가 말이에요. 그러니 교회가 거대한 교회제국의 운영을 위해서 MBA(Master of Business Administration) 과정을 필히 이수한 목사를 영입하게 될 때가 멀지 않았습니다.

　소비자로서 교인은 교회제국에 들어가면 금방 황홀경에 빠지게 되지요. 진열된 많은 물건들과(각계각층에 적합한 프로그램과 다양한 부대 시설물들) 군중이 자아내는 황홀경이지요. 찬송을 부르고 기도를 하면 왜 그렇게 붕붕 나르는지요. 하나님 나라 백성인 줄 착각이 일어납니다. 세상에서만 검증될 수 있는데! 예수님의 발자국은 세상을 그처럼 사랑하신 세상에 있지 않나요. 요한복음은 예수님이 대형마트화된 유대교 성전에 채찍을 휘둘렀다고 전하고 있습니다. 그런 성전을 헐라고도 했지요. 당신의 육신 위에 다시 세운다고 했고요. 교회는 예루살렘 성전을 재건축한 게 아니고 성전에서 아주 나온 겁니다(교회라는 헬라어 에크레시아에서 에크는 나온다는 뜻입니다). 교회는 예수님이 세상을 향하여 흘린 피맺힌 눈물 위에 세워진 것이니까요. 교회는 세상을 향한 눈물이지 황홀경이 아닙니다.

　수천 명이나 되는 어느 교회의 이야기 하나 할게요. 수십억을 들여 청년을 위한 비젼센터를 짓기로 했습니다. 그런데 가난한 교인의 아들인 한 청년이 갑자기 하반신이 마비되는 희귀병에 걸려서 꼼짝을 못하고 눕게 되었습니다. 수술을 하게 되자 담당 구역 목사가 하도 딱해서 교회에 도움을 청했습니다. 담임목사는 도움의 요청이 너무 많아서 곤란하다고 했습니다. 교

열아홉 번째 메일　189

회는 한 푼도 도와주지 않았습니다. 그래서 담당 구역 목사가 개인적으로 얼마를 주었습니다. 그 이야기를 듣고 머리가 복잡했습니다. 수십억의 청년비전센터와 하반신마비에 걸린 가난한 청년의 비전과의 상관관계는 어떤 것인가? 상관이 있나 없나. 그리스도인으로서의 청년들이 꾸는 비전은 무엇인가? 가난한 청년은 그 비전 속에서는 제외된 존재인가. 아니면 그 비전이라는 것 때문에 하반신마비의 청년이 소외된 것인가? 비전? 그 비전에는 눈물이 있나 없나. 눈물 없는 비전이 예수님의 것인가 아닌가. 예수님의 비전은 무엇이었나. 하반신마비 청년의 비전은 무엇인가. 교회는 가난하고 병든 청년의 비전을 택할 것인가 아니면 청년비전센터를 택할 것인가. 교회는 눈물로 녹아서 내릴 것인가 아니면 규모가 더 커지는 제국으로 우뚝 설 것인가.

벌거벗은 나신으로 살던 저 태초가 그리워지는 가을 아침 시 한 편 써 봅니다.

아나로그 아침

이 길목 새벽 식구들은
파지 줍는 아저씨
봉고차 기다리는 잡부 몇 명
새벽기도 가는 나뿐

오늘 최초의 사람들은
모두 맨 손이다

하얀 체육복 입고
맨 먼저 달려 나온 넓은 운동장에
가을하늘과 단발머리 나

바람을 차고 달리는
맨 발이었다

김용정 선생님은
거실 가득한 일렉트릭 오디오 시스템을
고물로 판다

옛날 수유리 집 흙더미에서
쟁반 같은 레코드판 하나 다시 파내고 있다

청중들의 숨소리, 기침소리, 쉬잇-소리 ,빠스락 소리를
캐내고 있다

디지털이 말갛게 지워버린 아나로그 소리를 들으려고
철학자는 맨 발과 맨 귀다

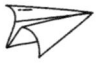

스무 번째 메일

예수님의 십자가는 목적인가요 결과인가요

집사님과 마주하며 예수님께 솔직하고 정직하게 다가가는 이 시간은 참으로 행복한 시간입니다. 오늘은 내가 십자가를 처음 마주한 날의 솔직한 심정을 말하고 싶네요. 언니가 천주교인인 형부와 결혼하기 위해 다닌 성당을 따라다니다가 천주교의 영세를 받은 건 중학교 때였지만 영세를 위해 교육받으면서 들은 것 중에서 지금까지 남아 있는 말은 단 하나뿐입니다. 자유의지라는 단어입니다. 비록 우리가 창조된 창조물이지만 로봇이 아니라고, 자유의지를 주시고 그걸로 대답하게 하셨다는 것이지요. 영세를 위해 설명된 많은 교리 중에 유독 자유의지라는 단어만 남아 있는 걸 보면 지금 이렇게 예수님에게 거침없이 가시덤불을 낫이나 갈퀴가 아니라 펜으로 쳐가면서 솔직하게 다가가고파 하는 나의 열망과 무관하지는 않은 듯합니다. 즉 남이 구축해 놓거나 설립해 놓은 가치를 무조건 받아들이려 하지 않는 속성을 말합니다. 이천여 년을 지나오며 갈릴리 예수님에게 덧씌워진 켜들을 의심하며 벗겨 내려는 열정 말입니다.

언니는 결혼했고 나는 고등학교에 갑니다. 그때는 부흥회가 한참인 때였고 친한 친구가 자기 교회의 부흥집회에 가자고 합니다. 따라가서 본 그 광경을 받아들이지 못하다가 이런 생각이 들어옵니다. 다들 정신이 온전한 사람들임에 틀림이 없을 것인데 저런 열심은 무엇일까. 몸과 입을 망가뜨리며 애써서 전하는 말에 집중하기로 합니다. 그렇게 시작된 예수님과의 대면은 나도 다른 이들과 마찬가지로 교리로 만납니다. 십자가의 대속교리에 매몰됩니다. 전도의 내용도 오직 대속의 교리입니다. 전도를 받던 친한 친구가 하루는 말합니다. 왜 그렇게 기독교는 단세포적인지 모르겠다고 말합니다.

그런데 참으로 이상합니다. 교회에 들어서며 중앙에 달려있는 십자가를 볼 때마다 혼자 조용히 십자가를 볼 때마다, 나는 왜 그 십자가에서 내가 신앙 충만하여 몰입되어 전도하는 '네 죄를 위해 내가 죽었노라'는 외침보다는 그리고 그 감동보다는 너도 나와 같이하라, 너도 나와 같이 피를 흘려라, 비록 십자가에 못 박혀 죽을지언정 너도 나와 같이 하나님 나라를 위해 살아라, 모든 이들의 화평을 위해 나와 같이 이렇게 십자가를 지라는 외침이 들리는지 모릅니다.

신학교를 가고 사모로 교회를 돌보게 되지만 솔직히 교회에서 고백 되는 예수님과 갈릴리 그때의 예수님이 정녕 같은지에 대한 강한 의심과 교회 중앙에 달려있는 십자가의 외침을 찾아 공부를 더 시작하게 됩니다. 갈릴리의 그때의 예수님과 교회에서 예배 드려지는 예수님과는 사뭇 다르다는 것을 알게 되고 몸부림치며 적극적으로 갈릴리의 예수님과 교제하게 되면서 내게 예수님의 십자가는 내 죄를 위한 대속보다는 내 인생이 결국은 예수님처럼 초라한 십자가로 끝날지언정 하나님 나라를 위한 명령이 됩니다.

마르커스 보그와 존 도미닉 크로산의 공동 저서 The Last Week p162는 이렇게 말합니다

> Jesus's passion got him killed. ... : Jesus's passion for the kingdom of God led to what is often called his passion, namely, his suffering and death. But to restrict Jesus's passion to

his suffering and death is to ignore the passion that brought him to Jerusalem. To think of Jesus's passion as simply what happened on Good Friday is to separate his death from the passion that animated his life.

〈예수님의 passion(열정)이 그를 죽게 했다. ...하나님 나라에 대한 예수님의passion(열정)은 흔히 그의 passion(수난)이라고 말하는, 고난과 죽음으로 몰고 갔다. 그러나 그의 passion을 그의 고난과 죽음으로 그 의미를 제한하는 것은 그를 예루살렘까지 이끌고 간 그의 passion(열정)을 무시하는 것이다. 예수님의 passion을 단순히 성금요일(Good Friday : 이사야 53장을 바탕으로 한 대속적 죽음. 필자 주)에 일어난 passion(수난)으로만 생각하는 것은 예수님의 죽음을 예수님의 삶을 생생하고 활기차게 한 그 passion(열정)에서 분리시키는 것이 된다.〉

집사님, 다시 생각해 봅니다. 솔직하게 예수님의 십자가에 다가가 봅니다. 유대교에서 이스라엘의 죄를 대신해서 죽기 위해 동물이 제물로 바쳐지듯이, 예수님이 이 땅에 오신 목적이 모든 인류의 죄를 대신해서 죽기 위해서 바쳐지는 제물이 되기 위해 만 이 땅에 오셨나요. 다시 말해서 십자가에 달려 제물로 죽기 위해서 이 땅에 오셨나요. 아니면 하나님의 아들로만 알 수 있는 그 하나님의 나라를 여시고 온전히 이루며 사시려고 이 땅에 오셨나요. 과연 그분의 그 하나님 나라의 열정의 결과가 십자가와 죽음이라면, 강대 중앙에 달린 십자가에서 어떤 소리를 들을 수 있나요.

스물한 번째 메일

종(servant)으로 다시 태어나기

집사님, 오늘 보내는 메일은 어떤 계간지에 기고한 글입니다. 예수님이 시작하시고 사신 그 하나님 나라에 사는 것은 종된 신분으로 사는 것임을 파헤쳐 본 것입니다. 집사님은 어떻게 생각하세요?

담론에서 실천으로

빠삐용은 끊임없이 탈출을 시도하다가 결국 적도 부근 기아나 악마의 섬에 유배됐다. 거기서 탈출이란 상어 떼가 우글거리는 심해로 몸을 던지는 것밖에는 없다. 절벽 벼랑 끝에 앉아 저 멀리 대해 건너 있는 자유의 세상만 바라보는 게 아니다. 까마득히 먼 벼랑 아래 만처럼 움푹 들어온 절벽을 맹렬하게 때리며 멈칫 뒤로 물러나는 하얀 파도의 생애를 연구하는 것이었다. 과연 던져진 몸을 싣고 나아갈 수 있는지를, 그러면 언제 어떻게 몸을 내 던질 수 있는지를, 먼저 던진 코코넛 나뭇잎 뭉치와 헤엄쳐서 만나려면 몇 박자 뒤에 몸을 던져야 하는 지를 계산하고 또 계산을 한 것이다. 마침내 규칙적이고 단조로운 물살의 일상을 찾아냈다. 이제 담론은 끝났다.

그를 결국 탈출에 성공하도록 한 모멘텀은 무엇이었을까. 그는 한 꿈을 꾼다. 꿈속에서 시간을 낭비한다는 죄목으로 판결받는다. 자유가 억압당하는 것이 시간을 낭비하는 거다. 무죄한 자가 죄수로 있는 것도 시간을 낭비하는 거다. 그리고 아무리 탈출을 시도했다고 할지라도 시간을 낭비하는 죄에 대한 면죄부가 될 수 없다. 이루지 못한 탈출에 대한 변명은 받아들여지지 않는다. 죄가 없다는 것도, 억울하게 갇혀 있다는 것도, 자유에 대한 열망이 남아있다는 것도 정상참작이 될 수가 없다. 감옥에 갇혀 있다는 것만 정죄의 이유일 뿐이다. 오직 성공한 탈출만 죄를 씻을 수 있다. 이런 자의식은 그를 탈출에 성공하도록 이끌었다.

조류가 밀려와 하얗게 부서지며 높이 오른다. 다시 주저앉으며 움푹 들어간 만을 빠져나가 자유의 세상으로 헤엄쳐 나가는 찰라, 빠삐용은 그의 이름대로 나비처럼 날아 몸을 던진다. 죽은 시간에서 살아있는 시간으로 날아간 것이다. 비록 망망대해에서 상어 떼에 먹혀 죽을지라도, 그건 살아있는 시간에서 죽는 죽음이다. 단단히 엮은 코코넛 나뭇잎 뭉치에 올라 그는 소리친다. 그의 영원한 담론인 자유는 실제로 실현될 때 자유라고 말 할 수 있다. 갇힌 자유는 죽은 자유이며 죽은 시간이며 인생을 낭비하는 죄다.

"야 이놈들아 나 아직 살아있다고"

1. 담론으로서의 평화

봄비가 내린 다음 날 아침이다. 친환경 건축상을 받은 경내 조경에 따라 아직 물기가 채 가시기 않은 벚나무와 베이지색 아파트가 어우러진 풍광 사이로 언뜻언뜻 보이는 하늘은 시인의 몇 줄 시구보다 더 압축된 한 폭 그림이다. 평화다. 무아지경으로 그 속을 걷고 있을 때 평화가 나에게 시비를 건다. 주머니에 손을 넣어 봐. 빵 한 조각 살 돈은 있니. 언뜻 잊었던 소원

하나를 끄적거린 문자에 사진 한 장 찍어 붙여서 친구에게 전송한 게 생각이 났다.

> 오늘 아침 내 책상 풍경이야
> 이렇게 빵 한 조각과 커피 한 잔의 즐거움을 갖게 되다니.
> 알게 된 게 아니라 갖게 되다니라고 말하는 걸 넌 알거야.
> 김천의 어느 날
> 새 빵집이 들어 온 지 며칠 안 돼서 작은 장안에 화제가 되었어.
> 빵 굽는 시간을 작은 칠판에 써서 이젤에 받쳐 놓아 감성을 자극했으니까.
> 어느 가을날
> 딱 빵 굽는 시간에 지나가게 되었지. 습관적으로 흠칫하며
> 주머니를 뒤졌어. 왜 흠칫했는지, 왜 뒤졌는지도 넌 알겠지.
> 막 구운 빵 봉지를 들고 소원했어.
> 더도 말고 덜도 말고 빵이 막 구워져 나와서 먹고 싶을 때 딱 하나
> 살 만큼은 주머니에 있었으면. 내 노년에 더도 말고 덜도 말고 말야.
> 오늘 그 소원을 누리는구나

평화는 집요하게 나를 흔든다. 나의 평화가 어디서 기인한 것인지 의심하면서, 하나하나 꼼꼼히 따진다. 내 육체나 정신 건강도 괜찮고, 남편도 괜찮고, 자식들도 두루 다 괜찮고, 가족 간에 소통도 잘 되고 있다. 그렇다면 오늘 내가 누리는 평화는 나의 안정된 오늘이라는 현재의 환경 조건과 맞물려 있는가. 만약 그 하나라도 절체절명의 상태에 놓여 있다면 나는 평화로울 수 있을 것인가. 평화는 절대적인가 상대적인가. 평화는 무엇인가.

1) 목적으로서의 평화

평화에 대한 담론에 있어서 평화의 목적과 그 실현을 위한 실천과의 상이성을 말하려면 다소 언어유희가 필요하다. 평화와 화평은 같은 말이나 그 뉘앙스에 있어서 평화는 상태를, 화평은 평화의 상태가 되도록 실현하는 조건과 방식들을 함축한 말로 사용할 수 있을 것이다.

평화로운 상태를 이루는 것은 인간 모든 삶의 활동 목적이라 할 수 있다. 평화의 상태를 실현하고 실제화하는 데에는 조건이 필요하고 환경이 필요할지라도, 그 상태를 궁극적 목적으로 삼게 될 때 평화라는 말은 절대적인 용어가 될 것이다. 또한 인간이 서로서로 평화롭게 공존하기 위해 추구하는 보편적이고 우주적이고 종말적인 목적을 절대적 가치라고 말할 때, 평화는 세계 평화공존의 절대적 상태를 말한다고 볼 수 있다. 그러나 평화공존이라는 절대적 상태를 실현하는 건 참으로 어려운 일이다. 우선 평화적 상태에 대한 인식이 사상과 이념과 종교와 인종과 역사 경험에 따라 그 모양이 다르기 때문이다.

평화라는 단어가 요즘처럼 생경하게 여겨지는 때가 없는 것 같다. 저마다 외치는 평화라는 그릇에 담긴 내용이 다 달라서 때를 따라 골라서 사용하거나 아예 사용하기가 꺼려지기 때문이다. 지나간 역사의 한 장면에서도 평화라는 단어가 어지러운 단어였고 메스껍기까지 한 단어였던 적이 있다. 히틀러가 평화의 사도라고 자칭하며 시대에 등장한 것이다. 그 자신도 최면에 걸린 채 외쳤을지도 모르는 평화라는 단어에 많은 군중들이 환호했다. 그러나 역사가 내린 결론은 그가 표방한 평화가 인종주의적 광기를 가린 가면이었다는 것이다. 이렇듯 평화라는 이름의 거대 담론은 민족주의와 국수주의와 종교와 인종주의와 배타적 자국 우선주의 때로는 독재자의 야욕 아래 인

권 말살과 전쟁의 정당성을 대변하는 절대적인 수사가 되어 오곤 했다.

  간간이 진행되는 북핵 협상에서도 평화의 개념은 복잡하다. 남한과 북한 간의 평화란 무엇을 의미하는가. 통일이라는 공존인가. 공존의 당위성은 무엇인가. 민족이라는 이름인가. 우리민족끼리의 통일과 세계와의 공존 즉 세계 평화와의 상관관계는 무엇인가. 그리고 남과 북의 공존의 상태는 어떤 것인가. 공존의 방식은 무엇인가. 공산주의식 적화 통일인가, 독일식 흡수 통일인가 아니면 낮은 단계의 연방제 통일인가, 남북연합체인가, 영세 중립국인가, 과연 공산주의와 자유민주주의라는 사상적이고 이념적 상이성이 공존을 가능케 할 수 있는 것일까. 또한 평화가 공존을 위한 조건인가, 공존이 평화를 위한 조건인가.

  아무튼 무엇이 목적이고 조건이건 간에 남과 북은 서로 적대관계에서 평화의 관계를 지향하고자 여러 가지의 통일 방식을 내놓고 합의를 보아왔다. 1972년의 7.4 공동성명, 2000년의 6.15 공동성명, 2007년의 10.4 공동성명 그리고 2018년의 4.27 판문점공동성명이다. 이 모든 것이 남북평화통일에 대한 담론들인 것이다. 그러나 수 십 년 동안 그 하나라도 이행된 것은 없다. 오히려 북은 핵을 완성하기까지 이르렀다. 이렇듯 담론과 실천은 완전히 다른 언어인 셈이다. 평화에 대한 거대 담론과 평화를 실제 이루는 실천은 완전히 다른 영역인 것이다.

  남과 북 그리고 북과 남은 평화라는 이름으로 민족통일을 이루려고 한다. 그러나 북이 평화통일이라고 말하는 것은 우리민족끼리의 자주적 통일 방식이다. 그 첫 단계로 종전선언이며 동시에 미군 철수를 의미한다. 그리고 그들이 두려워하는 것은 서구식 자유민주주의로의 흡수통일이다. 그러나 남쪽의 보수주의자들은 자유가 전제되지 않는 평화는 가짜 평화라고 말한다. 그들은 남과 북 간의 평화협정이라는 문구를 의심하며 두려워한다. 혹

시 영세 중립국을 표방하는 건 아닌지 의심한다,

평화는 그 이름이 아름답다 보니 실제로는 평화를 해치려는 음모의 화려한 포장지로 사용될 때가 많다. 평화라고 하기만 하면 그 이름의 향기가 너무 진해서 그 내용도 그 이름처럼 향기롭다고 생각한다. 그러나 평화통일이라는 이름의 저 아름다운 공동성명들은 몇십 년이 지나도 이루어지지 않았다. 결과적으로 보면 북한은 그럴 의지가 없었고 노력도 없었던 것으로 보인다. 오히려 핵 개발할 시간을 벌려고 그 가면을 쓴 것처럼 보인다. 그래서 저번 북미회담에서 미국은 북한에 완전한 CVID, 더 나아가 영원한 PVID를 강하게 요구하고 나오기도 했다. 실현을 위해 실천으로 이행할 확실한 뜻이 없는 선언은 의미가 없다는 것이다. 결단코 북한 땅에서 핵물리학자들을 포함하여 핵이라는 이름의 모든 것들과 세계 평화를 깨는 전쟁의 도구인 생화학 살상 무기들을 직접 들어가 파내겠다는 의지인 것이다. 만약 북한이 이 조건을 받아들이지 않으면 전쟁을 사용하여 세계 평화를 위협하는 핵을 제거하겠다는 것이다.

평화는 실제적이지 않으면 그 이름으로 농간을 부리기 아주 좋은 가면이며 다른 모양의 탈이다. 그 가면은 중독성이 강해서 때로는 쓰고 있는 자들이나 바라보는 자들로 하여금 평화의 세상을 구현하는 역사적 사명을 띠고 있는 것처럼 착각하게 만든다. 그 착각은 대부분 선전·선동(propaganda)이라는 마약을 사용한다. 프로파간다는 열광을 광장으로 모으고 뭉친 광장의 열기는 광기로 타오른다. 광기는 광장에서 태어난다. 평화의 모양은 광기가 아니다. 광기는 전쟁의 모양이다. 실로 평화라는 말이 사용될 때는 늘 의심해 봐야 한다. 평화라는 말 뒤에 어떤 정치적, 이념적, 상업적, 군사적 음모나 거래가 숨어 있는지 머뭇거리며 헤아려 봐야 한다. 민족적인 평화공존을 표방한 회담이든, 세계 평화 공존을 표방한 회담이든 그것이 극적이고 감동적으로 민족적인 감정을 불러일으키고 인류가 상통하는 감성을 자아낼수록, 그리고 그것을 부추기는 매스 미디어가 우리를 광장으로 몰고 가면 갈수록 평화의 진정성에 대해 더 짙게 의심해 봐야 한다. 평화는 lip-service나 lip-sync로 오는 게 아니다.

2) 실천으로서의 화평

평화와 화평을 뉘앙스로 구분하여, 평화는 목적으로서의 평화적 상태를 말하는 거시 담론적 용어라면, 화평은 목적이 되는 평화의 상태를 실현하는 미시적, 구체적 혹은 현실적, 실제적인 실천 행위를 가리키는 말로 미시 담론적 용어라고 할 수 있다. 그러나 실천 행위조차 담론으로 다루어진다면 그 실천은 실천의 능력을 상실한다. 실천은 담론이 아닌 행동이기 때문이다. 이렇게 말할 때 평화는 담론이고 화평은 실천 행위다. 화평보다 더 실제적이고 실천적인 용어는 화목이다. 화목은 너와 나의 그리고 나와 우리의 조화(harmony)를 말하는 것이기 때문이다.

나는 합창할 때 알토 파트를 담당한다. 고음을 잃어버릴 위험이 있지만 알토를 고집한다. 소프라노를 받쳐서 어우러지는 절묘한 소리는 심장을 설렁하게 한다. 중간에서 하모니를 신경 쓰다 보면 소프라노, 테너, 베이스의 소리도 각각 들린다. 각 음의 모든 것을 들으며 그것들이 조합돼서 이루어지는 하모니를 들으며 부를 수 있다. 소름 돋는 전율이 일어나는 순간이다. 알토는 소프라노보다 더 튀어서는 안 된다. 소프라노를 앞세우면서, 내세우면서, 한발 물러나 있는 듯 없는 듯 자기를 드러내지 않아야 한다. 힘은 있으되 낮고 작은 소리로 숨어 있어야 한다. 화성학에서 알토는 소프라노를 따라다니며 도와주는 자리에 놓인다. 어떤 한 음이 비록 불협화음의 자리에

놓였을 때도 그건 의도적인 것이고 하모니의 일환이다. 하모니를 위해 알토는 자기의 주장과 고집과 과욕을 버려야 한다. 소리의 형체가 하모니 속에서 녹아 없어져야 한다. 보통 알토 파트의 인원수가 소프라노 파트의 인원수보다 적은 이유가 여기에 있다.

2. 실천적 행동으로서의 종

평화는 저절로 오는 게 아니다. 발전 단계가 필요하다. 건너뛸 수 없는 단계들을 순차적으로 밟아야 한다. 피 -> 화목 -> 평화의 과정이다. 즉 피를 담보하고 화목이라는 돈을 얻어 화평을 사야 한다는 말이다. 거꾸로 말하면, 화평은 화목이 전제 조건이며, 화목은 나와 너, 그리고 우리가 서로에게 피를 흘리거나 심지어 죽어 주어야 비로소 생성된다. 화평은 공짜가 아니다. 피의 값을 주고 사야 한다. 내가 너에게 피를 흘린다는 것은 낮아짐, 희생, 겸손, 포기, 복종, 나아가서 자존을 포기하고 없는 자가 되는 것을 뜻한다. 화목을 위하여 내가 너에게 자존을 포기하는 '자아 없음'의 자리에 서는 것은 종의 자리를 말한다.

Dictionary of Jesus and the Gospels(Editors: Joela B. Green, Scot McKnight. Cousulting Editor: I. Howard Marshall, IVP, 1992) p.747의 종에 대한 설명을 이해하면 이렇다. 종에 해당하는 헬라어로 디아코노스($διακονοσ$)와 듈로스($δομλοσ$)가 있다. 영어는 그것은 구별하여 종(servent)과 노예(slave)로 번역을 한다. 종($διακονοσ$, servant)은 계약을 통해 주인에게 고용된 자 즉 일꾼을 말하고 노예($δομλοσ$, slave)는 소유된 자를 말하는데, 이 둘을 명확하게 구별하고 있지는 않다. 그러나 히브리어 구약성경을 헬라어로 펴낸 70인 역인 Septuagent에는 디아코노스 즉 servant 계열의 단어는 사용하고 있지 않다. 히브리어의 ebed는 헬라어 듈로스($\delta o \mu \lambda o \sigma$)로 번역해야 하기에, 영어로 servant나 service 즉 종으로 번역하기보다는 slave 즉 노예로 번역해야 맞다. 그러나 마태복음 20:25-27에서는 노예를 종에 대한 강조 용어로 사용하고 있다.

> "너희 중에 누구든지 크고자 하는 자는 너희를 섬기는 자($\delta \iota a \kappa o \nu o \sigma$: servant)가 되고 너희 중에 누구든지 으뜸이 되고자 하는 자는 너희 종($\delta o \nu \lambda o \sigma$: slave)이 되어야 하리라"(마 20:26,27)

종은 일꾼(servant)과 노예(slave)를 다 일컫는 일반적인 말이다. 그러나 계약된 일꾼으로서 종은 일의 대가를 받지만, 노예는 계약 없이 종신 예속되어 대가 없이 주인에게 헌신한다. 일꾼은 계약을 파기할 수 있다. 그래서 마음대로 혹은 상황에 따라 주인과 종의 관계에서 벗어나 동등한 자격으로 권리 행사를 할 수가 있다. 그러나 화목을 도모하는 관계에 있어서는 내가 너에게 종의 자리에 항상 있지 않으면 안 된다. 화성학적 하모니에는 반드시 협화음을 만드는 종의 코드가 있기 때문이다. 음악의 아름다움을 위해 항상 그렇게 자기의 주장과 가치관과 규율과 자기의 뜻과 법을 내려놓아야 하는 자리는 계약된 일꾼 servant보다는 화목을 위해 종신 예속된 노예, slave의 자리다. 그러나 함께 공존하면서 내가 너에게 자율적으로 조건 없이 영구히 '없음의 존재'로 예속되는 노예(slave)가 되는 일 또한 공짜로, 저절로, 벼락치기로, 착각으로 얻어지는 게 아니다.

3. 종의 연습

담론, 거대 담론일수록 실천으로 옮겨 끝내 실현하지 않으면 인생을 낭비하는 것일 뿐 아니라, 자기 자신을 기만하는 사기가 된다. 그렇게 하지 않으려면 우선 실현해 내려는 의지적인 결단이 필요하다. 또한 의지적인 결단을 가지고 실천하는 과정에서 발생하는 끝없는 실패를 감수해야 한다. 부단한 연습은 실현을 완수하려는 의지의 행동에서 나온다. 연습은 기술을 연마하는 필수적인 과정이다. 에릭 프롬이 사랑은 연습으로 얻어진 기술이라고 말하고 있다. 내가 너와 우리와의 조화를 위해 자율적이고 지속적인 노예가 되는 일은 기술에 속한 것이다. 기술을 터득하고 체득하는 일에 다른 노하우는 없다. 오직 의지적인 연습으로만 얻어진다.

일상의 생활은 화목을 도모하는 기술을 연습하는 최적의 기회며 장소다. 하루에도 반복적으로 만나는 너, 친분 없이 스쳐 가는 거리의 너, 전화 속의 너, 오래전부터 함께 있어 온 너, 이곳에도 저곳에도 늘 있는 너, 이런 일 저런 일에도 관여되어 있는 너와 만나 노예의 신분으로 너를 대하는 일은 쉽지 않다. 어떤 이는 노예라는 단어에 과민 반응을 일으킨다. 노예는 그 말 자체가 혐오스럽다. 자유가 박탈당하고 자존을 가진 인격이 말살된 단어이기 때문이다. 너에게 내가 없는 자리이기 때문이다. 그러나 나와 너의 화목을 위해 필수적 기본이 되는 이 신분을 자처하는 일은 자율적이고 자발적인 선택이며, 평화를 이루어내려는 사명자의 고귀한 소명의 자리이다. 평화의 사도는 평화를 꿈꾸며 담론하는 자가 아니라 그 꿈을 향해 실천의 걸음을 걸어가는 자다. 이 걸음걸이는 무겁고 결코 쉽지 않다. 다른 시간에 살지 않으면 가능하지 않다.

일상에서 평화의 종이 되고자 결단한 사람들은 다른 시간에서 산다. 연대적이고 수평적인 물리적 시간을 사람의 시간으로, 그리고 사람의 시간에서 자유로우며, 소멸될 시간을 영원으로 사는, 초월적 시간 곧 하나님의 시간으로 말한다면, 하나님의 시간은 열려 있는 시간이어서 시작도 끝도 없는 시간이다. 하루가 천 년 같고 천 년이 하루 같은 이 시간은 희로애락과 생로병사에 제한되지 않는다. 세상에서 평화라는 거대 담론을 실현하려고 작은 실천의 발을 내디딘 평화의 종들은 역사의 한 부분인 일시적 사람의 시간에서 영생 하나님의 시간을 사는 자유인들이다 그들은 자유로운 종들이다.

상류의 꿈

머뭇거리던 상류는
달빛을 보자
긴 머리 늘어뜨리고
길을 떠났다

꿈을 꾸며 물었다
조각구름에게
산안개에게
물었다
한번 스치고 가고 말
강가의 풀들을
길가의 풍경을
어떻게 만나 쓰다듬을 수 있는지
어떻게 고개를 끄덕이게 하는지
어떻게 이 이야기를 완성할 수 있는지를
물었다

자기의 길을 존중하는
강물은
겸손히 귀를 기울였다
봄 여름 가을 겨울
소멸하며 자기의 계절을 떠나는 것들에게
기도하며 물었다
소멸과 완성의 역학관계를
때와 징조를 가늠하여 피었다가 지는 방법을
그리고 한번 지나가고 말
이 길의 진실성을
물었다

어디쯤 왔을까
군중이 된 물살은 강력했다
요란한 광장의 소리를 지르며
되돌아 와 해명할 수 없는 길을
긴 머리채를 잡아채며
쏜살같이 내려갔다

검은 밤바다가 달빛에 반짝이며 말을 했다
어서 오게
시간이여
너의 물음이여
너의 꿈이여

마지막 스물한 번째 메일은 제가 다음 책을 준비하고 있는 주제이기도 합니다. 다시 한번 〈종(servant)의 신학〉으로 만나 뵙게 되기를 소원합니다.

고맙습니다.
사랑합니다.
축복합니다.

예수가 나는 여전히 낯설다

초판 1쇄 발행일 2025. 07. 15.

지은이   한현옥

펴낸이   방주석
펴낸곳   베드로서원
주 소   경기도 고양시 일산동구 고봉로 776-92
전 화   031)976-8970
팩 스   031)976-8971
이메일   peterhouse@daum.net
등 록   (제59호)2010년 1월 18일 / 창립일 : 1988년 6월 3일

ISBN 979-11-91921-38-0 03230
책값은 뒷 표지에 있습니다.

베드로서원은 말씀과 성령 안에서 기도로 시작하며
영혼과 삶이 풍요로워지는 책을 만드는 데 힘쓰고 있으며,
문서선교 사역의 현장에서 최선을 다하겠습니다.

ⓒ 이 출판물은 저작권법에 의해 보호를 받는 저작물이므로
무단 전재와 무단복제를 할 수 없습니다.